Karl-Ludwig Kley

Klar zur Wende

KARL-LUDWIG KLEY

KLAR ZUR WENDE

So können wir das Steuer bei Klima und Energie noch rumreißen

ZEHN UNGEHALTENE REDEN

Deutsche Verlags-Anstalt

FSC
www.fsc.org
MIX
Papier | Fördert gute Waldnutzung
FSC® C014889

Penguin Random House Verlagsgruppe FSC® N001967

2. Auflage

Umschlaggestaltung: Büro Jorge Schmidt, München
Umschlagabbildung: © Thomas Pirot / laif
Satz: Uhl + Massopust, Aalen
Druck und Bindung: Friedrich Pustet GmbH & Co. KG, Regensburg
Printed in Germany
ISBN 978-3-421-07032-6

www.dva.de

Inhalt

Kapitel 1

Die Energiewende und das Wasserbett

Oder: Warum das Gute manchmal besser ist als das Beste

Wer sich in diesen Tagen mit der Energiewende beschäftigt und mit den vielen Diskussionen, die darum geführt werden, der denkt wahrscheinlich nicht an die Reifen seines Autos. Warum auch? Das eine hat mit dem anderen wenig zu tun. Aber bei genauerem Hinsehen findet sich eine interessante Gemeinsamkeit – das Problem des Zielkonflikts. Beim Reifen wird in dieser Hinsicht klar und anschaulich, was bei der Energiewende viele übersehen: dass es bei ein und derselben Sache um sehr unterschiedliche Prioritäten gehen kann. Und zwar gleichzeitig.

Klar ist im Falle des Reifens zunächst einmal: Mit seiner Hilfe kommt die Kraft des Antriebs auf die Straße. Allerdings passiert das auf einer Fläche, die kaum größer ist als eine Postkarte. Genauer gesagt auf vier solcher Flächen. Wo Reifen und Straße einander berühren, wird aus Antriebsenergie Bewegungsenergie.

Damit kommt den Reifen eine weit größere Bedeutung zu, als unsere durchschnittliche Aufmerksamkeitsspanne für dieses Fahrzeugteil vermuten lassen würde. De facto hängt unser Leben davon ab, dass die Reifen genau das leisten, wozu sie konzipiert sind; dass sie nämlich unsere Bodenhaftung sicherstellen – bis an die Grenzen des physikalisch Machbaren.

Was aber ist das physikalisch Machbare? Die Frage ist auf den ersten Blick leicht zu beantworten. Denn ausgehend von den heute zur Verfügung stehenden Kautschuk-Mischungen und anderen »Zutaten« der modernen Reifenproduktion ist es ein Leichtes, Autoreifen so zu gestalten, dass sie ein Maximum an Haftung garantieren, mehr als wir im Alltagsgebrauch jemals wirklich benötigen. Aber so werden Reifen nicht entwickelt, jedenfalls nicht die Serienreifen für unsere Pkw. Denn die Aufgabe der Reifeningenieurinnen und -ingenieure ist wesentlich komplexer. Neben der Haftung insbesondere bei Nässe müssen sie sich noch um einige andere Eigenschaften ihres Produktes kümmern, weil wir als Konsumentinnen und Konsumenten darauf mindestens ebenso viel Wert legen. Auf den Komfort zum Beispiel, der wiederum mit dem Rollwiderstand zu tun hat und gleichzeitig den Energieverbrauch des Fahrzeuges beeinflusst. Denn was nutzt uns ein Reifen mit herausragenden Sicherheitseigenschaften oder super Energieeffizienz, wenn man darauf unterwegs ist wie die Flintstones in ihrem Steinzeitmobil: steinhart? Ein anderer Aspekt betrifft Haltbarkeit und Verschleiß. Schließlich will sich niemand alle paar Monate neue Reifen zulegen.

Das Problem dabei ist, immer wenn man eine der Eigenschaften verbessert, bedeutet das automatisch eine Verschlechterung bei mindestens einer der beiden anderen.

Deshalb spricht man vom »Magischen Dreieck« der Reifenentwicklung. Perfekt auflösen lässt es sich nicht. Stattdessen müssen wir uns mit Kompromissen zufriedengeben. Mit Kompromissen allerdings, die sich sehen lassen können. Denn unter dem Strich sind wir mit unseren Reifen recht komfortabel und zugleich sicher unterwegs. Und auswechseln müssen wir die »Füße unserer Autos« so selten, dass wir kaum noch über sie nachdenken – obwohl sich das lohnen kann: besonders energieeffiziente Reifen sparen rund 7,5 Prozent Sprit.

So wie bei den Reifen ist es in vielen Bereichen – nicht nur in der Technik. Im Finanzwesen zum Beispiel gibt es das »Magische Dreieck« der Geldanlage. Es beschreibt das Spannungsverhältnis zwischen Sicherheit, Liquidität und Rendite. Oder denken Sie an das Dreieck aus Kosten, Zeit und Aufwand in der Projektsteuerung. Die Volkswirtschaft hat es sogar mit einem »Magischen Viereck« zu tun, das in letzter Zeit gar zum Sechseck erweitert wurde: Stabile Preise, hohe Beschäftigungsquote, stetiges Wachstum und außenwirtschaftliches Gleichgewicht sind kaum je in gleichem Maße zu realisieren. Noch schwieriger wird es, wenn Umweltschutz und gerechte Einkommensverteilung hinzukommen. Und auch die Energie, um die es in diesem Buch geht, hat ihr magisches Dreieck: Klimaschutz, Sicherheit und Bezahlbarkeit – auf nichts davon können und sollten wir verzichten. Aber alle drei Ziele gleichzeitig zu erreichen, ist alles andere als leicht.

Eine solche Liste der »magischen« Drei-, Vier- oder Sechsecke ließe sich noch lange fortsetzen. Und weil das so ist, liegt ein ganz grundsätzlicher Gedanke nahe – dass alles, was wirklich wichtig ist, auch kompliziert ist. Mindestens aber komplex. Einfache Lösungen gibt es nur für einfache Fragen. Das Wesen der für uns Menschen relevanten Dinge hingegen folgt so gut wie nie den Gesetzen der binären Logik. Eindeutigkeit ist meist eine Täuschung.

Stattdessen haben wir es ständig mit Zielkonflikten zu tun und können perfekte Lösungen allenfalls anstreben. Wenn es dann gut läuft, nähern wir uns über die Zeit einer zwar nicht optimalen, aber doch alles in allem zufriedenstellenden Lösung an. Besser wird es nicht. Und diese Erkenntnis entmutigt viele Menschen. Nach dem Motto: Warum soll ich mich anstrengen, wenn es am Ende ja doch kein perfektes Ergebnis geben wird? Die Antwort lautet: Damit es so gut wird, wie es eben geht.

Und selbst das verlangt uns viel ab. Denn um uns in den zahlreichen Zielkonflikten unseres Lebens zu entscheiden, müssen wir immerzu abwägen: Was ist uns wichtig? Und was vielleicht noch wichtiger? In privaten Dingen entscheiden wir das oft intuitiv, aus dem Bauch heraus. Bei Entscheidungen, die unser Zusammenleben in einer Gesellschaft oder gar auf diesem Planeten betreffen, empfiehlt sich das weniger. Hier ist rationale Güterabwägung gefragt.

Im öffentlichen Diskurs sollte es darum gehen, wer welche Gründe für oder gegen ein Vorhaben anführen kann. Und wie tragfähig diese nach den Gesetzen der Vernunft jeweils ausfallen. Dabei aber gilt: Ein vernünftiger Grund ist nicht schon deshalb und automatisch der einzig richtige. Es mag zu einer strittigen Frage mehrere Antworten geben, die vernünftigerweise richtig sind. Mal kann es sinnvoll sein, die Haltbarkeit eines Reifens in den Vordergrund zu stellen. Mal können gute Gründe für mehr Energieeffizienz sprechen. Das heißt: Worauf es ankommt, ist die Güte des Urteils und der vorausgegangenen Abwägung. Und die wiederum hängt von der Frage ab: Wie kommt ein Urteil zustande? An welchen Kriterien orientiert man sich?

Auf diesem Gebiet kann man grob zwei Denkschulen unterscheiden. Die einen halten ein Urteil und daraus folgende Handlungen erst und nur dann für gut, wenn es auf Maximen beruht, die sich vernünftigerweise nicht bestreiten lassen und die man deshalb – nach der Idee von Immanuel Kant – jederzeit zum Prinzip einer »allgemeinen Gesetzgebung« machen könnte. Hat man zum Beispiel jemandem etwas versprochen, muss man es halten. Ganz unabhängig von den jeweiligen Umständen und den Folgen einer solchen Haltung. Warum? Weil das Brechen von Versprechen die Institution des Versprechens selbst auflösen würde, was wiederum niemand wollen kann. Menschen, die so denken, sind äußerst prinzipientreu und eher wenig pragmatisch.

Die andere Denkschule kümmert sich nicht so sehr um das Prinzip und interessiert sich eher für die Folgen einer Handlung. Für sie ist das am besten, was am meisten nutzt. Deshalb kann man ein Versprechen in dieser Sichtweise durchaus auch mal brechen, wenn dadurch ein anderes wichtiges Ziel erreicht oder ein großer Nachteil vermieden wird. Das klingt zwar einleuchtend, bringt aber auch Probleme mit sich. Denn oft weiß man ja vorab gar nicht so genau, welche Folgen eine Handlung in der Zukunft haben wird. Und: Auch wenn eine Entscheidung großen Nutzen bringt, kann es ja doch sein, dass sie für einige Menschen mit – möglicherweise erheblichen – Nachteilen verbunden ist. Soll man das etwa ignorieren?

In der Praxis bleibt es deshalb schwierig, das eigene Urteil wirklich »wasserdicht« zu begründen. Wir müssen unsere Entscheidungen immer wieder in beide Richtungen auf die Probe stellen, indem wir uns fragen: Sind die Prinzipien solide, die wir unserem Entschluss zugrunde legen? Und: Wie gut können wir die Folgen verantworten, die unsere Entscheidung aller Voraussicht nach haben wird?

Im Fall der Energiewende, um die es in diesem Buch geht, werden beide Fragen im öffentlichen Diskurs zu selten gestellt. Und noch seltener gut beantwortet. Stattdessen verstricken sich die Kombattanten immer wieder in einen aussichtslosen Streit der beiden Positionen. Die einen positionieren sich als Vertreterinnen und Vertreter einer »reinen Lehre« und tun schlicht so, als gäbe es die vielen »magischen Vielecke« des Lebens gar nicht. Um den Klimawandel zu stoppen, stellen sie Maximalforderungen, die überwiegend ökologische Aspekte in den Blick nehmen. Wirtschaftliche und soziale Gesichtspunkte hingegen spielen für sie eine eher untergeordnete Rolle. Die anderen wiederum nehmen genau das zum Vorwand, um den Klimaschutz auf die möglichst lange Bank zu schieben und am Status quo vorerst nicht rütteln zu müssen.

Dabei ist auch und gerade rund um die Energiewende klar: Eine einfache oder perfekte Lösung wird es nicht geben. Wohl aber könnten wir zu »ziemlich guten« Kompromissen kommen. Erinnern wir uns: Auch in Sachen Energie haben wir es mit einem magischen Dreieck zu tun – genauso wie die Reifenhersteller, Volkswirte und alle anderen, die sich mit bedeutsamen Fragen beschäftigen. Dem Trilemma aus Klimaschutz, Sicherheit und Bezahlbarkeit.

Und nichts daran ist neu. In den vergangenen 50 Jahren gab es immer wieder Umwälzungen in der Energiepolitik. Auch viel Hin und Her, viel Vor und Zurück. Mal stand die Versorgungssicherheit im Mittelpunkt, mal der Verbraucherschutz, also die Bezahlbarkeit. Und in den letzten zwei Dekaden immer mehr Klima- und Umweltschutz. Zwar sind wir auf diesem Gebiet ein gutes Stück vorangekommen: Kein anderer Wirtschaftszweig in Deutschland hat in den zurückliegenden vier Jahrzehnten einen größeren Beitrag zur CO_2-Reduktion geleistet als die deutsche Energiewirtschaft. Besonders der Ausbau der erneuerbaren Energiequellen hat dazu geführt, dass die Emissionen aus der Energieproduktion in diesem Zeitraum um 50 Prozent sanken, während beispielsweise der Verkehrs- oder Immobiliensektor seit Jahren bestenfalls auf der Stelle tritt.

Aber auch wenn wir heute knapp 50 Prozent unseres Stroms aus Sonne, Wind und Biomasse gewinnen, haben wir damit noch keine wirklich überzeugende Antwort auf das Trilemma der Energiewirtschaft insgesamt gefunden. Gemessen am Endenergieverbrauch machen die Erneuerbaren sogar nur 20,4 Prozent aus. So wie wir es bisher angehen, ist die Energiewende also weder eine ökonomische Erfolgsstory, noch bringt sie Versorgungssicherheit. Und: Auch ökologisch werden wir auf dem bisherigen Pfad nicht schnell genug ans Ziel kommen, um einen wirksamen Beitrag zum Klimaschutz leisten zu können.

Wie ließe sich das ändern?

Wer das herausfinden will, muss sich jeden einzelnen Aspekt des Trilemmas gründlich ansehen und fragen: Welche Ziele verfolgen wir jeweils im Einzelnen? Und wie könnten wir sie erreichen, ohne mit den Anforderungen aus den jeweils anderen Aspekten allzu sehr in Konflikt zu geraten?

Richtig und wichtig ist dabei, mit dem ökologischen Aspekt zu beginnen. Konkret bedeutet das: mit dem 1,5-Grad-Ziel aus dem Pariser Klimaabkommen von 2015. Und leider sind sich hier mittlerweile fast alle Expertinnen und Experten einig: Dieses Ziel ist realistisch nicht mehr zu erreichen. Zumindest sind wir eindeutig nicht auf einem Pfad, der für das Erreichen dieses Zieles reicht. Wir müssten auf globaler Ebene das Ruder deutlich herumreißen. Danach sieht es aber gerade nicht aus. Allein der russische Angriff auf die Ukraine hat dazu geführt, dass weltweit wieder deutlich mehr Kohle verbrannt wird, um Strom zu erzeugen – mit den bekannten Folgen für das Klima. Auch in China entstehen immer noch neue zusätzliche Kohlekraftwerke. Anstatt nun aber angesichts dieser alarmierenden Aussichten alles zu tun, um die CO_2-Emissionen so schnell und so effizient wie möglich zu senken, verzetteln wir uns in den angesprochenen »Schwarz-Weiß-Diskussionen«.

Auf der einen Seite stehen dabei jene, die den Nutzen entsprechender Anstrengungen überhaupt in Frage stellen. Sie betonen die globale Dimension des Problems und sagen: Wenn ein Land wie Deutschland ohnehin nur für rund zwei

Prozent der weltweiten CO_2-Emissionen verantwortlich ist, dann lohnt sich der beträchtliche Aufwand einer Energiewende nicht. Stattdessen sollen andere Länder mit einem größeren Anteil am weltweiten CO_2-Ausstoß in Vorleistung gehen – gerne mit technologischer Unterstützung westlicher Industriestaaten.

Diese Position übersieht allerdings gleich zwei wichtige Aspekte. Und zwar sowohl innerhalb der Nutzen-Logik als auch in prinzipieller Hinsicht. Was Ersteres betrifft, so muss man sich nur einmal vorstellen, die Welt der Staaten wäre eine Fußballmannschaft. Völlig selbstverständlich würden wir erwarten, dass jeder einzelne Spieler seinen Beitrag zu einem möglichen Sieg leistet. Und ebenso selbstverständlich würden wir es verwunderlich finden, wenn sich ein Verteidiger plötzlich an die Seitenlinie setzen würde – mit der Begründung, sein Beitrag zum Erfolg betrage ohnehin nur ein Elftel. Das Spiel müssten die anderen gewinnen.

Hinzu kommt, dass einer solchen Haltung – auf dem Fußballfeld ebenso wie in der internationalen Gemeinschaft – auch vertragspraktische Gründe entgegenstehen. Deutschland hat sich im Pariser Klimaabkommen dazu verpflichtet, alles in seiner Macht Stehende zu tun, um die eigenen CO_2-Emissionen auf ein bestimmtes (dem 1,5-Grad-Ziel dienendes) Maß zu begrenzen. Das Nutzen-Argument geht also an dieser Stelle de facto ins Leere. Denn der angestrebte Nutzen kann ja eben nur erreicht werden, wenn alle Unterzeichner-Staaten (analog zu den Fußballspielern) ihren vereinbarten Beitrag leisten. Was sie im Übrigen auch angesichts ihrer historischen Verantwortung tun. Denn die gegenwärtige

Problemlage ist ja wesentlich durch die überproportionale CO_2-Belastung seitens der Industrieländer in den zurückliegenden rund 200 Jahren entstanden.

Andererseits ist es natürlich legitim, zu fragen: Wie weit genau gehen denn derartige Verpflichtungen? Welche Lasten können einem einzelnen Akteur legitimerweise auferlegt werden, um Ziele der Allgemeinheit zu erreichen? Stellen Sie sich etwa vor, bei einem Winterspaziergang kommen Sie an einem See vorbei. Sie beobachten, dass dort gerade ein Kind ins Wasser gefallen ist, und es ist offensichtlich – ohne Ihre Hilfe kann es nicht überleben. Dann ist zunächst einmal natürlich klar: Hier müssen Sie helfen, vielleicht sogar dann, wenn diese Hilfe für Sie selbst mit Risiken verbunden ist.

Doch so moralisch eindeutig diese Position auf den ersten Blick aussieht – im wirklichen Leben legen wir einen solch strengen Maßstab in der Regel nicht an. Würde es in dem Beispiel etwa tatsächlich zum Tod des Kindes kommen und der Spaziergänger vor Gericht angeklagt, könnte man ihm wahrscheinlich zwar unterlassene Hilfeleistung zur Last legen. Das Gericht müsste bei der Urteilsfindung aber auch den Grundsatz berücksichtigen, dass es niemandem per se zugemutet werden kann, sich selbst zu belasten oder in existenzielle Gefahr zu begeben, um andere vor ebensolchen Gefahren zu retten. Mit anderen Worten: Das Gericht würde vermutlich davon ausgehen, dass eine Güterabwägung im Sinne eines magischen Vielecks durchaus legitim ist – wer ohne Chance auf Rettung eines Opfers ins Wasser springt und dabei selber ertrinkt, hat nicht verantwortungsvoll, sondern kopflos gehandelt.

In diesem Kontext interpretiere ich auch das Urteil des Bundesverfassungsgerichts zur Klimaschutz-Pflicht des Staates vom Frühjahr 2021. Es fordert, die Freiheitsrechte künftiger Generationen zu gewährleisten und dabei zugleich in legitimer Weise unsere aktuellen Interessen zu wahren. Wollen wir diesen Grundsatz beherzigen, ist es von hoher Bedeutung, die Debatte um Klimarettung und Energiewende differenzierter anzugehen. Immer mit der Leitidee: Machbarkeit statt politischem Wirrwarr.

Gerne wird in diesem Zusammenhang das Narrativ vom *First Mover* vorgetragen. Es besagt: Entschlossene Energiewendepolitik schützt das Klima und bringt gleichzeitig einen wirtschaftlichen Vorteil für Industrie und Wirtschaft. Das Zauberwort dafür heißt Technologieführerschaft bei Schlüsselkompetenzen der Energiewende, wie beispielsweise Wasserstoff, Batterieproduktion oder Speicherverfahren. Einzige Herausforderung: Die Industrie muss nur schnell genug beim Aufbau entsprechender Technologien voranschreiten.

Damit das klappt, gibt es dann Rufe nach Subventions- und Förderprogrammen, die die Mehrkosten für Unternehmen decken und im Ergebnis der Welt zeigen sollen, dass klimaneutrale Technologien, made in Germany, verfügbar sind und die industrielle Transformation machbar ist – wenn man nur Spitzentechnologie für Klimaneutralität aus Deutschland importiert. Die Beweisführung für eine erfolgreiche Umsetzung dieser Strategie allerdings fehlt leider.

Tatsächlich funktionieren kann derartig »lenkende Industriepolitik« bestenfalls, sofern die dafür bereitgestellten Mittel beträchtlich sind und dazu zielgerichtet und langfristig verlässlich erfolgen. So wie jüngst im Falle des *Inflation Reduction Act* der Biden-Regierung in den USA. Damit fördern die Amerikaner ganz gezielt das Wachstum einer neuen »Klimaindustrie« in ihrem Land – und das mit deutlich weniger Bürokratie als hierzulande.

Aber auch in Deutschland kennen wir – im Prinzip – vergleichbare, wenn auch wesentlich bescheidenere Ansätze. Mit dem Erneuerbare-Energien-Gesetz (EEG) sind wir zu Beginn der 2000er-Jahre in die Subvention der Solarindustrie eingestiegen. Als diese Subventionen für Anlagenbetreiber ein Jahrzehnt später aber deutlich reduziert wurden, zeigte sich sofort das Problem derartiger »Industriepolitik«: Das süße Gift der Subvention hatte dazu geführt, dass der Markt boomte und die Panel-Hersteller sich nicht um effiziente Produktionsverfahren kümmerten. Erst als die chinesischen Anbieter mit Dumping-Preisen den europäischen Markt fluteten und gleichzeitig die EEG-Umlage für die Anlagenbetreiber deutlich geringer ausfielen, war Wettbewerbsfähigkeit für die deutschen Panel-Hersteller plötzlich ein Thema – doch leider zu spät.

Das Ergebnis: Vom ehemaligen internationalen Marktführer in Sachen Solartechnologie sind wir im Wettbewerb auf einen der letzten Plätze abgestiegen – ohne jede Aussicht, den verlorenen Boden je wiedergutmachen zu können. Besser wäre es gewesen, die Mittel mehr auf Forschung und Entwicklung zu konzentrieren – dort sind wir stark und ist der Hebel größer.

Hinzu kam: Den Steuerzahler kostete die nach diesem Prinzip eingeleitete Energiewende weit mehr als ursprünglich veranschlagt. Hieß es erst noch, derartige Förderung koste die Stromkunden nicht mehr als eine Kugel Eis im Monat (so der damalige Umweltminister Jürgen Trittin von den Grünen), belasteten bald Steuern, die EEG-Umlage und ein ganzer Strauß weiterer Subventionen die Strompreise mit über 30 Milliarden Euro im Jahr. Die Eiskugel ist also in Wahrheit ganz schön teuer geworden.

Das EEG macht deutlich, wie verlockend die Idee staatlich gesteuerter Industriepolitik im Dienst hehrer Ziele auch sein mag, subventionierten Märkten fehlt oft die Wettbewerbsfähigkeit. Oder, um im oben erwähnten Bild zu bleiben: Es besteht die Gefahr, dass sowohl das Kind als auch der Retter ertrinken.

Deutlich besser hingegen stehen die Chancen, wenn wir einen anderen Weg einschlagen: den Weg einer öko-liberalen Marktwirtschaft. Das heißt, wir nutzen Prinzipien des Marktes so intelligent, dass wir damit sowohl den eigenen Nutzen als auch das gemeinsame Ziel erreichen können – mindestens aber die gesellschaftlichen Kosten eines klimafreundlichen Kurses in Politik und Wirtschaft minimieren. Und das ist nicht einmal besonders schwierig. Alles, was wir dazu brauchen, ist ein wirklich marktwirtschaftlich ausgerichtetes System der CO_2-Bepreisung. Auch wie das genau funktionieren kann, wissen wir schon – durch den europäischen Handel mit Zertifikaten für CO_2-Emissionen.

Die Idee ist so simpel wie richtig: Das, was knapp ist, muss umso teurer werden, je knapper es wird. In diesem Fall also das Recht, klimaschädliches CO_2 auszustoßen. Da wir dieses Recht früher überhaupt nicht mit einem Preisschild versehen haben, wurden von der EU sogenannte Emissionszertifikate ins Leben gerufen – und zwar genauso viele, wie wir uns noch leisten können, ohne das Klima weiter zu schädigen. Jedes Land erwirbt seitdem – teils durch Zuteilung, teils durch Zukauf an einer Börse – eine bestimmte Menge dieser Zertifikate zu einem bestimmten Preis. Der Clou an der Sache ist: Die Gesamtmenge aller Zertifikate wird von Jahr zu Jahr verringert. Und entsprechend steigt der Preis. Das heißt, es wird immer teurer, klimaschädliches CO_2 auszustoßen. Oder anders ausgedrückt: Der Anreiz, bei der CO_2-intensiven Energie- und Produkterzeugung auf klimafreundliche Verfahren umzustellen, wird immer größer. Und die Reduktion erfolgt als Erstes dort, wo dies am effizientesten und am kostengünstigsten möglich ist.

Der Staat, beziehungsweise die Staaten der EU, müssen sich dabei gar nicht mehr im Detail darum kümmern, wie genau die Unternehmen eines Landes diese Umstellung bewerkstelligen. Was bei den einen am besten mit Solartechnik funktioniert (in Deutschland zum Beispiel), gelingt den anderen besser durch Windkraft (Dänemark etwa).

Solange der Emissionshandel nicht global angewandt wird, sind in Europa produzierte Güter, die in den außereuropäischen Markt gehen, teurer und damit weniger wettbewerbsfähig. Als Ausgleich gibt es für besonders betroffene Unternehmen kostenlose Zertifikate. Produkte, die außerhalb Europas hergestellt und in die EU importiert werden, haben dagegen einen Vorteil, da sie ohne CO_2-Bepreisung auf den Markt kommen. Diese Fehlentwicklung hat die EU-Kommission erkannt und einen Grenzausgleichsmechanismus entwickelt, der entsprechende Produkte verteuern soll.

So weit, so gut. Sogar sehr gut, denn der Zertifikatehandel ist das System, mit dem wir alle drei Seiten des Energie-Trilemmas am besten abdecken können. Die nationale Politik müsste sich dann »nur noch« um die bislang nicht vom Emissionshandel erfassten Bereiche kümmern: Wärme, Verkehr, Gebäude und Landwirtschaft vor allem – so wie es ab 2027 ja auch schon zum Teil vorgesehen ist. Stattdessen aber betreibt zum Beispiel die deutsche Politik doch wieder Mikro-Management und beschließt jahresscharf, alle unsere Kohlekraftwerke abzuschalten. Die Kosten dafür: rund 40 Milliarden Euro! Aber selbst das wäre ja noch richtig im Sinne der Klimapolitik, wenn durch diese Abschaltung für das Klima irgendetwas gewonnen würde. Genau das aber ist entgegen vielfach geäußerter Ansicht von vermeintlichen Klimaschützerinnen und Klimaschützern nicht der Fall. Denn unser Abschalten ändert nichts an der Menge der Emissionszertifikate in der EU. Die bleibt zunächst gleich.

In Deutschland brauchen wir zwar weniger Zertifikate. In anderen Ländern Europas stehen diese aber dafür umso zahlreicher zur Verfügung. Dort wird es deshalb sogar günstiger, Kohlekraftwerke länger zu betreiben. Man nennt das den Wasserbetteffekt – ein Effekt, der kennzeichnend ist für die gesamte Problematik der Emissionsvermeidung. Verlagert ein Teilnehmer im globalen Klimageschehen seinen Schwerpunkt und nimmt eine neue Position ein, verändert das zwar seine Lage. Aber gleichzeitig verschieben sich die Emissionsmengen, so wie das Wasser im Wasserbett, an andere Stellen.

Wie schon im Falle der magischen Vielecke gilt: Nur Lösungen, die auch bei ganzheitlicher Betrachtung eine positive Veränderung bringen, können wirklich als Lösungen gelten. Alles andere sind Scheinerfolge. Und die aufgewendeten Mittel, wie etwa die 40 Milliarden Euro Deutschlands für den Kohleausstieg, sind klimapolitisch in den Wind geschossen.

Das bedeutet: Wir sollten uns nicht so sehr darüber streiten, ob es objektiv und »prinzipiell« richtig ist, die Kohlekraftwerke abzuschalten. Und das Problem liegt auch nicht darin, dass irgendjemand den deutschen Beitrag zum Klimaschutz verweigern wollte, weil wir nur zwei Prozent der Verantwortung tragen. Das Problem ist, dass wir handwerklich falsch agieren und dadurch zugleich unseren eigenen Interessen und denen des Klimas zuwiderhandeln – also die schlechteste aller gegebenen Möglichkeiten realisieren. Das wäre so, als würden die Reifenhersteller einen Reifen konzipieren mit geringer Haftung bei Nässe, hohem Rollwiderstand und geringer Haltbarkeit.

Was also ist zu tun? Die Antwort lautet: Mit Mitteln des Marktes so schnell und so effizient wie möglich den CO_2-Ausstoß reduzieren – und dabei statt auf staatlichen Dirigismus im Detail auf sinnvoll steuernde Rahmenbedingungen setzen.

Konkret heißt das:

- Die CO_2-Bepreisung im Wege des freien Zertifikatehandels ausweiten – und zwar nicht nur beim Strom und in der Industrie, sondern auch in den Bereichen Wärme, Verkehr und Landwirtschaft. Und das möglichst im globalen Maßstab. Oder, wo das nicht möglich ist, in einem »Club der Willigen«.

- Konsequent »freie Fahrt« schaffen für erneuerbare Energieerzeugung, also vor allem: radikaler Abbau der Bürokratien rund um die Genehmigungen für Transport und Errichtung entsprechender Anlagen, damit wir unsere Ziele beim Zubau erneuerbarer Energien erreichen.
- Und gleichzeitig: herkömmliche Energieträger, insbesondere Gas, als Brückentechnologie weiter nutzen, weil selbst unter günstigsten Bedingungen ausschließlich alternative Energieerzeugung bis auf Weiteres nicht in ausreichendem Umfang möglich sein wird.
- Die Politik muss die Umsetzung dessen, was abstrakt beschlossen wurde, auch lokal vertreten – statt opportunistisch jedem Einzelnen alle Zumutungen ersparen zu wollen. In Abwandlung des einfachen Elterngrundsatzes »Karussell und Eis geht nicht« hieße das: *Not in my backyard* und *Net Zero* gleichzeitig geht nicht.
- Begleitet werden muss das Ganze von modernen Methoden der CO_2-Speicherung oder -Wiederverwendung, weil wir ohne diese Technologien und ein umfassendes Kohlenstoffmanagement die Reduktionsziele nicht erreichen können.
- Zusätzlich aber brauchen wir eine Veränderung im Denken. Wir müssen uns verabschieden von einfachen Antworten, von detaillierter Mikrosteuerung und nicht marktwirtschaftlichen Konzepten. Denn all das hat uns viele der Probleme erst eingebrockt.

All diese Aspekte werden in den folgenden Kapiteln einzeln beleuchtet. Und dabei wird sich zeigen: Eine klimapolitisch sinnvolle Energiewende ist – trotz aller Fehler der Vergangenheit – noch immer möglich. Wir können es noch schaffen. Wenn wir uns endlich von falschen moralischen Alternativen und Diskussionen verabschieden und zielgerichtet genau das tun, was nötig ist. Die Technologien sind da. Mit ihnen können wir das ertrinkende Kind retten – zu vertretbaren Risiken. Was fehlt, ist der konsequente politische Wille, das magische Dreieck der Energieversorgung ohne Illusionen anzugehen. Was die Welt braucht, ist nicht die perfekte Lösung, die alle zufriedenstellt. Sie braucht Lösungen, mit denen »möglichst alle so gut wie möglich« leben können. Und sie braucht diese pragmatisch und schnell.

Kapitel 2

Eine Stromwende macht noch keine Energiewende

Oder: Bewährte Technologien und neue Netze bringen uns schneller voran

Es ist Sommer, die Freunde veranstalten ein Gartenfest, die Gespräche drehen sich in geselliger Runde um Privates, um Berufliches und die Lage der Welt im Allgemeinen. An einem der Stehtische sagt jemand: »Wir kommen doch gut voran mit der Energiewende. Ich habe gelesen, gestern und heute hatten die Erneuerbaren einen Anteil von 70 Prozent!« Die anderen am Tisch sind überrascht. Sie schauen anerkennend. Nur einer wendet ein: »Na ja, im Moment scheint ja auch dauernd die Sonne.«

Worauf jedoch niemand hinweist: Nicht nur spiegeln solche Momentaufnahmen lediglich die gerade herrschende Wetterlage. Die Mitteilung über die 70 Prozent war auch aus einem anderen – noch viel wichtigeren – Grund fragwürdig. Sie enthielt nämlich keinen Hinweis darauf, worauf sich die Prozentangabe denn bezieht. Und es fragte auch niemand nach: »70 Prozent Anteil woran?« Ziemlich sicher dachten alle am Tisch, gemeint seien 70 Prozent Anteil an der insgesamt erzeugten Energie in Deutschland.

Genau das aber ist ein fatales Missverständnis. Denn einen 70-prozentigen Anteil haben erneuerbare Energieformen – selbst an sonnigen und windreichen Tagen – nicht an der Gesamtenergieproduktion, sondern nur: an der Stromproduktion. Die Energiewende in Deutschland ist bislang vor allem eine Stromwende. Um daraus tatsächlich die angestrebte Wende bei der Energieversorgung insgesamt zu machen, müssen wir uns noch sehr anstrengen – und Lösungen für eine Reihe von Fragestellungen finden, die bisher noch keineswegs klar absehbar sind.

Tatsache ist, kein anderer Industriezweig Deutschlands hat bisher einen größeren Beitrag zur Energiewende geleistet als die Energiewirtschaft. Der Anteil der Erneuerbaren an der Gesamt-Stromerzeugungskapazität stieg seit 1990 von damals drei auf heute rund 45 Prozent – von 4,2 Gigawatt auf 130 Gigawatt. Im Jahresmittel stammen heute rund 24 Prozent unseres Stroms aus Windkraft, gut zehn Prozent aus Photovoltaikanlagen, ein weitaus kleinerer Teil (3,2 Prozent) auch aus Wasserkraft. Als Resultat sank der CO_2-Ausstoß der Energiewirtschaft von 1990 bis 2020 um mehr als 50 Prozent.

Ganz anders aber sieht das in den anderen Sektoren aus. An der Wärmeproduktion etwa haben erneuerbare Energiequellen bislang nur einen Anteil von rund 17 Prozent – wobei hier in erster Linie (65 Prozent) »feste Biomasse« als erneuerbare Energiequelle gezählt wird, mit anderen Worten: hauptsächlich Holz in all seinen Verwendungsformen. Dessen Verbrennung ist zwar nominell CO_2-neutral. De facto aber wachsen Bäume weltweit nicht so schnell nach, wie sie auf der nördlichen Halbkugel verbrannt werden. Rechnet man deshalb die »feste Biomasse« aus dem Anteil der Erneuerbaren an der Gesamt-Wärmeproduktion heraus, verbleiben für den tatsächlich »grünen« Anteil an der Wärme- und Kälteproduktion, etwa aus Biogas, Biomethan, Solar- oder Geothermie, nur noch jeweils niedrige einstellige Prozentbeträge. Lediglich die Nutzung von Umweltwärme, insbesondere durch Wärmepumpen, hat mit rund zehn Prozent einen nennenswerten Anteil.

Fast noch ernüchternder ist das Bild im Verkehrssektor. Einschließlich des Stromverbrauchs aus erneuerbaren Energien im Schienen- und Straßenverkehr betrug der Anteil seit dem Jahr 2008 bis zum Jahr 2019 kontinuierlich zwischen fünf und sechs Prozent. Derzeit liegt er bei rund sieben Prozent. Zwar ist die Zahl der elektrisch betriebenen Fahrzeuge in Deutschland seit 2006 von damals rund 2.000 auf nunmehr über eine Million stark gewachsen. Aber gewachsen sind auch Fahrzeugbestand sowie Schifffahrts-, Flug- und Schwerlastverkehr. Die Folge? Es fließt deutlich mehr »grüner« Strom in die Elektromobilität. Weil jedoch auch mehr fossiler Kraftstoff genutzt wird, blieb der Anteil erneuerbarer Energien im Verkehr 2022 im Vergleich zum Vorjahr gleich.

Betrachtet man auf Basis dieser Zahlen die Beiträge der verschiedenen Sektoren zum eigentlich relevanten Ziel der CO_2-Reduktion, dann zeigt sich: Von gut 230 Millionen Tonnen CO_2 und anderen Treibhausgasen, also von sämtlichen CO_2-Äquivalenten, die 2022 gegenüber den Emissionen von 1990 vermieden wurden, entfielen gut 180 Millionen Tonnen auf den Stromsektor, also fast 80 Prozent. Die Wärmeproduktion steuerte vergleichsweise geringe 42 Millionen Tonnen und der Verkehrssektor weniger als zehn Millionen Tonnen bei. Insgesamt sank der deutsche CO_2-Ausstoß zwar seit 1990 um rund 40 Prozent. Würde es aber von nun an lediglich im selben Tempo weitergehen, wäre das Ziel von Netto-Null an CO_2-Emissionen bis 2050 nicht zu erreichen. Dafür müsste sich nach Expertenschätzungen die Zubau-Geschwindigkeit bei Solaranlagen mehr als verdoppeln, bei Windkraftanlagen an Land müsste sie sich mehr als verdreifachen und bei Windparks auf See sogar mehr als verachtfachen.

Dies gilt umso mehr, als grüner Strom das Rückgrat der Sektorenkopplung sein wird. Sprich, weil wir damit zunehmend auch Wärme, Kälte, Mobilität, industrielle Produktion und Landwirtschaft betreiben wollen. Sofort stellt sich deshalb die Frage: Könnten wir denn – wohlgemerkt bis 2050 – überhaupt so viel grünen Strom bereitstellen? Was wäre dafür nötig?

Die Zahlen sprechen auch in dieser Hinsicht eine klare Sprache. Stand heute liegt der Gesamtenergiebedarf Deutschlands – privat, industriell und landwirtschaftlich – bei rund 2400 Terawattstunden (TWh). Zum Vergleich: Eine Terawattstunde entspricht einer Milliarde Kilowattstunden, und ein durchschnittlicher deutscher Haushalt verbraucht im Jahr gut 17 000 Kilowattstunden. Nur rund 20 Prozent dieser enormen Energiemenge verbrauchen wir als Strom, von dem derzeit wiederum nur knapp die Hälfte durch Erneuerbare geliefert wird. Die meiste Energie nutzen wir als mechanische Energie (39 Prozent), als Raumwärme und Warmwasser (27 Prozent) sowie als Prozesswärme (27 Prozent).

Um deutlich zu machen, wie herausfordernd die sogenannte sektorübergreifende Umstellung der Energieversorgung auf Strom tatsächlich ist, reicht ein Blick auf die Chemieindustrie. Sie benötigt heute zwar »nur« neun Prozent der gesamtdeutschen Energiemenge. Aber allein die Umstellung ihrer Prozesse und Produkte von Gas, Öl und Kohle auf grünen Strom würde bedeuten, dass 628 Terawattstunden Strom aus Erneuerbaren kommen müssten – das ist mehr Strom, als ganz Deutschland im Jahr 2018 aus fossilen und erneuerbaren Quellen insgesamt verbraucht hat.

Addiert man diese Menge zum heutigen Energiebedarf hinzu und berücksichtigt zudem den steigenden Bedarf durch E-Mobilität, Wärmepumpen oder die Erzeugung von »grünem Wasserstoff«, dann kommen manche Experten auf einen zu erwartenden Gesamtstromverbrauch in Deutschland von 1.850 Terawattstunden pro Jahr – gegenüber weniger als 500 Terawattstunden heute. Wollte man diese Menge zum Beispiel allein mit großen Windkraftanlagen erzeugen, die pro Stück fünf Megawatt Leistung bringen können, hieße das: Wir brauchen dazu eine Gesamtfläche von 215 000 Quadratkilometern. Das ist in etwa so viel wie die Landesfläche von Rumänien und weitaus mehr als die häufig zitierten zwei Prozent des deutschen Staatsgebietes, denn Deutschland ist alles in allem »nur« 357 000 Quadratkilometer groß. Das bedeutet, um die Energiewende zu schaffen, brauchen wir neben weiteren alternativen Energiequellen auch Energie-Importe, etwa in Form von grünem oder auch »blauem« Wasserstoff (Näheres dazu in Kapitel 5); wir brauchen Energieeffizienz, neue Speichertechnologien ebenso wie Biomasse oder *Recycling-Loops* als Grundlage für Sekundärrohstoffe. Und bei alldem müssen wir gleichzeitig unsere Wettbewerbsfähigkeit als Volkswirtschaft erhalten.

Gelingen kann das nur, wenn wir ein umfassenderes Verständnis der Sektorkopplung entwickeln. Das gilt besonders für die Herausforderungen in Sachen Wärme- und Kälteproduktion.

Über die Hälfte unserer Energie fließt in diesen Sektor. Und die Hälfte davon wiederum benötigen wir für die Raumwärme. Auch hier bedeutet Sektorkopplung zunächst: Heizen mit (grünem) Strom – vor allem mit Hilfe von Wärmepumpen. Sie zeichnen sich durch besondere Effizienz aus und stehen nicht nur für Einfamilienhäuser und Wohnungen zur Verfügung, sondern als Großanlagen auch für gewerbliche Anwendungen. Aber ähnlich wie in der Chemieindustrie würde auch hier der Strombedarf enorm zulegen, wenn wir allein auf diese Option setzen wollten. Stattdessen sollten wir weniger starr auf die zielgenaue Erreichung bestimmter Grenzwertvorgaben schauen, sondern schnell und umfassend auch die Mittel nutzen, die vielleicht nicht die allerbesten sind, dafür aber konkrete und machbare Schritte nach vorne ermöglichen. In erster Linie zählt dazu die Nutzung von Gaskraftwerken und ihrer zugehörigen Infrastruktur. Denn sie sind keineswegs nur lästiges Übel, sondern vielmehr die Langzeitspeicher der Energiewende.

Mit ihrer Hilfe wird es möglich sein, »grüne« Energie

von dort, wo sie produziert wird, auch über große Entfernungen dahin zu bringen, wo sie – gegebenenfalls zeitversetzt – gebraucht wird. Am besten funktioniert das mit den sogenannten *Power-to-X*-Technologien. Mit dem Prinzip *Power-to-Gas* etwa lässt sich Gas erzeugen, das in den vorhandenen Speichern aufbewahrt und durch Verbrennung in Strom umgewandelt werden kann, wenn die regenerative Energieerzeugung selbst nicht ausreichend Strom liefert.

Ähnlich funktioniert das Prinzip *Power-to-*H_2, wenn es darum geht, »grüne« Energie in Wasserstoff zu speichern. Oder *Power-to-Heat*: Dabei wird Strom in Wärme umgewandelt, gespeichert und nach Bedarf verteilt. Alternativ lässt sie sich direkt in das Wärmenetz einspeisen. So erhöht sich über flexible Kraft-Wärme-Kopplung bzw. Wärmenetzsysteme der Anteil CO_2-neutraler Wärme in den Städten. Auch Wärme aus Industriebetrieben, aus solarthermischen Anlagen, aus Geothermie oder aus Großwärmepumpen kann über Wärmenetze an die angeschlossenen Kunden weitergegeben werden.

Und auch Biogas kann als nahezu CO_2-neutraler Energieträger einen wichtigen Beitrag zur Erreichung der Klimaziele leisten. Dazu muss es, ebenso wie synthetisches Gas, in die bestehende Erdgasinfrastruktur eingespeist und dort gespeichert werden. So kann es die tages- oder jahreszeitlichen Schwankungen bei der erneuerbaren Erzeugung ausgleichen.

Das Potenzial ist dabei beträchtlich, wird aber bisher kaum ausgeschöpft. Der Bundesverband der Energie- und Wasserwirtschaft in Deutschland (BDEW) schätzt, dass schon im Jahr 2030 10,3 Milliarden Kubikmeter Biomethan pro Jahr (das entspricht rund 100 Terawattstunden) in das deutsche Gasnetz fließen könnten. Einzige Voraussetzung: Ein Großteil der bestehenden Biogasanlagen muss auf diese Einspeisung umgerüstet werden. Und durch den Import von nachhaltig erzeugtem Biogas lässt sich der Anteil dieser Energieform an unserer Wärmebewirtschaftung noch weiter erhöhen.

Last, but not least leisten auch Brennstoffzellen einen spürbaren Beitrag zum Klimaschutz. Das gilt zwar besonders dann, wenn man sie mit grünem Wasserstoff betreibt. Aber auch eine mit herkömmlichem Erdgas betriebene Brennstoffzelle liefert Wärme und gleichzeitig Strom bei bis zu 50 Prozent weniger CO_2-Emissionen, verglichen mit herkömmlicher Erdgas-Brennwerttechnik.

Wer also die Energiewende nicht nur als Stromwende, sondern auch als Wärmewende anstrebt, der tut gut daran, all diese technologischen Optionen in gleicher Weise zu fördern und offen zu halten. Denn: Mit dem Wissen von heute lässt sich nicht eindeutig entscheiden, welche Lösung sich am Ende als die effizienteste und praktikabelste durchsetzen wird. Statt wie früher Elektronen und Moleküle als Gegner zu sehen, braucht die Energiewende das sinnvolle Miteinander – Stichwort: Sektorkopplung.

Ein ähnliches Bild ergibt sich für den Verkehrssektor. Denn neben Strom und Wärme gehört zur Energiewende auch die Mobilität. Und auch hier setzen wir bisher fast ausschließlich auf E-Autos, also ebenfalls auf die direkte Verwendung von Strom. Schätzungsweise um rund 80 bis

120 Terawattstunden wird der Strombedarf dadurch bis 2050 steigen. Alternative Kraftstoffe wirken sich auf diese Bilanz nicht entlastend aus, da auch sie nur durch höheren Stromeinsatz gewonnen werden können.

Trotzdem muss ihr Potenzial vor allem mit Blick auf den Schwerlastverkehr und die Flugzeuge stärker genutzt werden, denn batterieelektrisch lassen sich Airbus und Co, genau wie Schiffe oder große Lkw, nur schwer (im wahrsten Sinne) betreiben. Und solange diese Kraftstoffe nicht vollständig klimaneutral gewonnen werden können, gilt auch hier: Nutzung der fossilen Optionen, die am wenigsten Schaden anrichten. Auch ein Lkw, der mit Wasserstoff betankt wird, den man zuvor unter Einsatz von Erdgas gewonnen hat, emittiert rund 13 Prozent weniger CO_2 als sein klassischer Diesel-Kollege. Mit der Nutzung dieser Technologien aber lernen wir täglich hinzu und kommen schneller ans Ziel: die vollständig klimaneutrale Gewinnung von alternativen Kraftstoffen (siehe dazu auch Kapitel 5).

Ähnliches gilt für die Luftfahrt: Hier sind nachhaltige Flugkraftstoffe, sogenannte *Sustainable Aviation Fuels*, abgekürzt SAFs, der entscheidende technologische Schlüssel für nachhaltigeres Fliegen. Denn anders als herkömmliches Kerosin wird SAF ohne fossile Ausgangsmaterialien hergestellt und erfüllt zusätzlich weitere Kriterien der Nachhaltigkeit. Es ist kompatibel mit fossilem Kerosin und kann diesem problemlos beigemischt werden. Außerdem muss man weder am Flugzeug noch an der Infrastruktur etwas verändern, um mit SAFs zu fliegen. Hergestellt werden sie aktuell aus biogenen Reststoffen und haben im Vergleich zu herkömmlichem Kerosin einen rund 80 Prozent geringeren CO_2-Fußabdruck.

Klingt also verlockend. Allerdings gibt es ein Problem: Nur rund 0,1 Prozent des weltweit benötigten Treibstoffbedarfs der Branche kann aktuell mit SAF abgedeckt werden. Würde allein die Lufthansa Group alle derzeit verfügbaren SAF-Mengen einsetzen, so könnte sie damit nur knapp zwei Wochen fliegen.

Trotzdem beziehungsweise gerade deshalb sollten wir im Zeichen der Technologieoffenheit die Sache weiterverfolgen und voranbringen. Ebenso übrigens wie die Einführung von Flugkraftstoffen aus nicht-biogenen Ausgangsmaterialien. Stichwort: *Power-to-Liquid* (PtL) und *Sun-to-Liquid* (StL). Weil diese Technologien perspektivisch die wichtigsten und wirkungsvollsten Hebel für die Dekarbonisierung des Luftverkehrs sind, sollten wir alles dafür tun, dass Angebotsmengen und Verfügbarkeit schnellstmöglich und signifikant steigen – inklusive entsprechender Förderstrategien aus der Politik.

Bei der Frage, welche alternativen Energieträger für die Energiewende wichtig sind, müssen wir neben der Verfügbarkeit auch die Bezahlbarkeit im Blick behalten, die nach heutigem Stand gerade im Flugverkehr nicht gegeben ist. Selbstverständlich werden Skaleneffekte eine Kostenreduktion bewirken, doch letztendlich muss der Markt darüber entscheiden, welcher Energieträger sich wo und wann durchsetzt und nicht ein Subventionsregime.

Auf batterieelektrische und rein strombasierte Lösungen jedenfalls können wir in der Luft noch weniger bauen als am Boden. Hier wie dort bleiben wir auf längere Sicht auf andere Energieträger angewiesen, am Boden u.a. auf Gas. Denn nur so schaffen wir dort Versorgungssicherheit, weil wir mit Gas sowohl temporär überflüssigen Strom aus erneuerbaren Quellen speichern als auch per klassischer Stromerzeugung die Kapazitätslücken schließen können, die sich angesichts der bevorstehenden Verbrauchserhöhung zwangsläufig ergeben werden. Erst nach und nach werden wir dann von Erdgas zum Beispiel auf grünen Wasserstoff umsteigen und sukzessive auch die Gaskraftwerke klimaneutral machen.

Begleitet werden muss dieser Prozess jedoch schon jetzt von einer entschlossenen Erweiterung und Digitalisierung unserer Netze. Denn ganz gleich, wie erfolgreich wir in unseren Anstrengungen zur Dekarbonisierung sein werden – ohne eine deutliche Steigerung unserer Energieeffizienz können wir die Energiewende nicht schaffen. Die Digitalisierung unserer Netze ist dafür entscheidend. Denn die neue Energiewelt ist dezentral. Statt einzelner großer Kraftwerke werden immer mehr kleine »digitale Kraftwerke« Energie für das Netz produzieren. Jedes mit PV-Modulen gedeckte Dach, jeder Windpark und jede Biogasanlage fungiert als Kraftquelle für das Energienetz.

Um hier Strom ins Netz einspeisen zu können, braucht es bundesweit einheitliche Standards, vor allem aber die Möglichkeit, die Energieflüsse witterungsangepasst und bedarfsgerecht zu steuern: Durchleitung von grünem Strom bei Sonnenschein und Wind und Füllung von Energiespeichern, wenn die Produktion den Bedarf sogar übersteigt. Und auf der Verbraucherseite angepasste Stromentnahmen je nach Netzauslastung. Durch verlangsamtes Laden der E-Autos in einer Wohnstraße zum Beispiel können lokale Überlastungen vermieden werden, ohne dass den Verbrauchern ein spürbarer Komfortnachteil entsteht. Das Problem in Deutschland: Einer solch weitreichenden Vernetzung von Produzenten- und Verbraucherdaten innerhalb einer flexiblen Netz-IT stehen erhebliche Bedenken aus dem Datenschutz sowie andere eher bürokratische Hindernisse entgegen.

Bestes Beispiel sind die Diskussionen um die Einführung sogenannter *Smart Meter*. Dabei handelt es sich um kleine Geräte, die in bestimmten privaten und öffentlichen Gebäuden den herkömmlichen Heizungszähler ersetzen. Sie bestehen aus zwei Elementen: einem digitalen Stromzähler und einem Kommunikationsmodul, das die Datenübertragung ermöglicht. Das intelligente Messsystem ermittelt den Stromverbrauch, speichert und verarbeitet die Daten. Der Messstellenbetreiber baut die neuen Stromzähler ein, wartet sie und übermittelt die Daten unter anderem an den Stromversorger und den Netzbetreiber. Denn ohne diese Daten wird eine flexible und sinnvolle Digitalsteuerung der Stromnetze in Zukunft nicht möglich sein.

Doch obwohl das auch in Deutschland alle wissen, brauchen wir innerhalb der EU am längsten, erreichen am wenigsten und geben am meisten Geld aus. Die Gründe dafür liegen einmal in einem ziemlich komplizierten Gesetz sowie in einer zwischen Vertrieb, Netzbetreiber und Messstellenbetreiber nicht harmonisierten IT-Landschaft. Der Hauptgrund aber liegt in den behördlichen Prozessen.

Da ist einmal das Bundessicherheitsamt für Informationstechnik (BSI). Es muss die *Smart Meter* auf den höchstmöglichen Sicherheitsstand hin prüfen. Das aber dauert bis zu drei Jahre. In der Zwischenzeit gibt es in der schnelllebigen Welt der Technologie mit Sicherheit neue Fakten. Also muss die Prüfung neu aufgenommen werden. Das BSI hat daher einen großen Anreiz, nicht zu entscheiden.

Ein weiteres behördliches Problem hat mit den Updates zu tun, die für *Smart Meter* wie für Mobiltelefone alle zwei bis drei Monate nötig sind. Allerdings müssen diese Updates im Falle der *Smart Meter* anders als bei den Handys ebenfalls von den Eichbehörden abgesegnet werden. Und zwar nicht von einer, sondern von 16. Schließlich leistet sich Deutschland in jedem Bundesland je ein Eichamt. Vor diesem Hintergrund dürfte klar sein: Tempo in Sachen Energiewende macht man so nicht.

Das gilt auch für die dringend notwendige Beschleunigung beim Ausbau und der Modernisierung der Netze selbst. Auch hier bremst die Bürokratie, statt entschlossen Richtung Energiewende zu steuern. Konkret benötigen wir in Deutschland geschätzt einen Ausbau des Übertragungsnetzes um rund 14 000 Kilometer, wenn wir die Anforderungen der Energiewende schultern wollen. Fertiggestellt sind davon aber Stand heute erst rund 1.300.

Woran das liegt, macht ein Beispiel deutlich: Die E.ON-Tochtergesellschaft Avacon brauchte zehn Jahre für die gerichtliche Freigabe zur Erneuerung einer bestehenden Stromleitung. 200 000 Kunden hängen mit ihrer Stromversorgung von dieser Leitung ab. Aber weil zwei Klagen dagegen eingereicht worden waren, mussten sie sich zehn Jahre lang gedulden, bis die Verstärkung vorhandener Leitungen endlich rechtskräftig genehmigt war und kein Rückbau mehr drohte. Und auch die großen Stromtrassen, die wir dringend brauchen, um Elektrizität aus dem windreichen Norden in den Süden zu bringen, sollten eigentlich schon 2022 fertig sein. Aber erst im Januar 2023 genehmigte die Bundesnetzagentur einen Antrag auf »vorzeitigen Baubeginn«.

Kaum besser sieht es in den Städten aus. Sie benötigen dringend stärkere Stromleitungen – besonders für die Besitzer von Wärmepumpen und Elektroautos, denn die müssen bislang Notabschaltungen fürchten, weil das existierende Netz weder ausreichende Kapazitäten noch genügend digitale Flexibilität bietet. Gleichzeitig müssten neben den Stromnetzen auch die Fernwärmeverbindungen ausgebaut werden, ebenso wie die Infrastruktur für Wasserstoff. Nur wenn auch dabei möglichst schnell Klarheit geschaffen wird, hat die Industrie Planungssicherheit und kann sich auf die Umstellung ihrer Prozesse von herkömmlichem Gas auf Wasserstoff vorbereiten.

Doch während Länder wie Saudi-Arabien bereits dabei sind, große Anlagen zur Produktion von grünem Wasserstoff aufzubauen, geht die Entwicklung bei uns in einem Tempo voran, in dem die Energiewende nicht gelingen kann – zumindest nicht rechtzeitig. Einen Wettbewerb gewinnt man nicht, wenn man seinen Läufern Gewichte ans Bein bindet und von ihnen verlangt, dass sie während des Finallaufs noch lauter Pakete am Wegesrand zustellen sollen.

Bislang jedenfalls können die bestehenden Netze in

einigen Regionen nicht mehr zu jeder Zeit den Strom aus erneuerbaren Energien vollständig abnehmen und übertragen. In den Verteilnetzen nehmen nach Beobachtungen des Bundesumweltamtes Situationen zu, in denen die Spannungsgrenzwerte überschritten werden. Deshalb heißt es auch dort: »Innovative Konzepte sind erforderlich, um die Spannung dynamisch regeln zu können.« Stattdessen trägt die deutsche Volkswirtschaft die stattlichen Kosten von Energie-Engpässen, die im Netz immer wieder auftreten. Dadurch verursachte Entschädigungsansprüche, Abruf- und Vorhaltekosten summierten sich allein 2022 auf mehr als vier Milliarden Euro.

Schon deshalb gilt es, die Netzinfrastruktur zu optimieren und zu verstärken, um die vorhandenen Übertragungskapazitäten zu erhöhen und/oder effizienter zu nutzen. Dazu und zur Flexibilisierung der Netze gibt es eine Reihe von Technologien. Moderne Speicher zählen ebenso dazu wie die Verknüpfung dezentraler Anlagen zu virtuellen Kraftwerken oder der Aufbau »intelligenter« Netze, um Erzeugungsanlagen, Netzkomponenten, Speicher und Verbraucher aufeinander abgestimmt zu steuern. Je besser das gelingt, umso weniger Trassen müssen neu gebaut werden. Und zwar nicht nur bei uns in Deutschland, sondern europaweit. Es ist deshalb gut, dass die Modernisierung der Netze auch im energetischen Lastenheft der EU festgeschrieben ist: Das europäische Verbundnetz ist dafür auszubauen. Und ein übergreifendes Netz (*Overlay*-Netz), das Großprojekte oder Regionen großräumig verbinden soll, könnte dabei zukünftig das europäische Drehstromnetz zusätzlich ergänzen.

Im Idealfall funktioniert es so, wie es das Projekt »e-HIGHWAY 2050« vorsieht: mit einer neuen Methodik zur Planung eines paneuropäischen *Supergrids* – den sogenannten *Electricity Highways*. Sie sollen für die Zeit bis 2050 entwickelt werden. Übertragungsnetzbetreiber, Forschungseinrichtungen, Universitäten, Industrieverbände und Nichtregierungsorganisationen arbeiten dafür zusammen und werden von der EU gefördert. Man kann nur hoffen, dass aus den dabei produzierten Ideen möglichst schnell praktische Politik wird. Denn ohne bessere Netze nutzt auch die klimafreundlichste Energieerzeugung nur wenig.

Kapitel 3

Im Rausch der Rotoren?

Oder: Vom langen und verschlungenen Weg der Windenergie

Stellen Sie sich vor, Sie sitzen in einem gemütlichen Biergarten, umgeben von alten Kastanienbäumen. Sie nehmen einen tiefen Schluck Ihres frischen Pilsners – möglicherweise sogar alkoholfrei … So schmeckt die Energiewende!

Das tut sie tatsächlich – zumindest in der Privatbrauerei Veltins. Dieser traditionsreiche Familienbetrieb aus dem Sauerland hat einen Entschluss gefasst: Die Brauerei will unabhängig von fossilen Brennstoffen werden und in erneuerbare Energien wie Solar- und Windkraft investieren. Das Unternehmen hat sowohl das Gelände als auch das Kapital dafür bereitgestellt. Schon in der Vergangenheit hatte sich der Familienbetrieb durch Investitionen in Nachhaltigkeit hervorgetan. Für 6,2 Millionen Euro wurde die Sudhaus-Technik erneuert. Dadurch konnten rund 30 Prozent Wärme eingespart werden. Noch 2023 sollte die PV-Anlage starten, die ersten Windräder sollen 2025 produzieren.

Allein: Veltins steht dabei vor einer großen Hürde – und diese Hürde steht stellvertretend für eines der größten Probleme, mit denen wir es in Deutschland bei der Windenergie zu tun haben: langwierige Genehmigungsverfahren, die beherztes Handeln erschweren und manchmal sogar verhindern.

Dabei ist beherztes Handeln bei der Energiewende das Gebot der Stunde. Windenergie ist eine Schlüsselressource. Sie bietet große Chancen, hält aber auch Herausforderungen bereit. Durch die intelligente Nutzung dieser Energiequelle und die Akzeptanz ihrer Grenzen können wir einen nachhaltigeren und umweltfreundlicheren Energieverbrauch erreichen. Doch bevor wir das Potenzial dieser Energie heben können, geht es erstmal darum, die Hürden zu beseitigen, vor denen auch die Veltins-Brauerei momentan steht. Kurz gesagt: Wir müssen die Genehmigungsprozesse beschleunigen – und zwar massiv. Denn ohne eine Lösung für dieses Problem werden wir nie in der Lage sein, das volle Potenzial der Windenergie zu nutzen. Zwar haben Bundestag und Bundesrat jüngst im Schnellverfahren ein Beschleunigungspaket auf den Weg gebracht. Es soll die Prozesse um rund ein Jahr verkürzen. Und auch die Kommunen haben neuerdings mehr Spielraum. Aber das reicht bei Weitem nicht. Es muss noch deutlich schneller gehen.

Was dabei möglich ist, wurde im Frühjahr 2023 in Baden-Württemberg deutlich. Das Genehmigungsverfahren für eine Anlage im Windpark-Projekt Sulzbach-Laufen im Landkreis Schwäbisch-Hall wurde von der Antragstellung bis zur Erteilung der Genehmigung in einer Rekordzeit von acht Monaten abgeschlossen. Ein Schlüssel dazu war unter anderem die sehr frühe Beteiligung und Einbindung der Bürgerinnen und Bürger in das Projekt. Der Windpark soll ab Sommer 2024 mit insgesamt sieben Windrädern betrieben werden.

Erfolge wie diese schließen an die eigentlich erfolgreiche Geschichte der Windenergie in Deutschland an. Sie ist so alt wie die Seefahrt, wurde für die nachhaltige Transformation der Industrie allerdings erst ab den 1990er-Jahren so richtig interessant. Und aus einer anfänglichen Brise ist inzwischen ein kräftiger Sturm geworden: 2022 trug die Windkraft stolze 24,1 Prozent zum Energiemix bei – sie ist nun Deutschlands zweitwichtigste Energiequelle, fast ein Viertel unserer Energie kommt aus den unsichtbaren Strömungen der Luft. Durchaus eine Erfolgsgeschichte.

Und diese Geschichte ist eine von Land und Meer, von Onshore- und Offshore-Windparks. Unser Land, mit seinen weiten Ebenen und den nur wenigen wirklich zerklüfteten Bergen, bietet hervorragende Voraussetzungen für die sich drehenden Turbinen. Trotz wiederholter Klagen über Lärm und Landschaftsbild ist die Onshore-Windkraft aus Deutschland nicht mehr wegzudenken. Für 2023 wird ein Zuwachs von 2,7 bis 3,2 Gigawatt erwartet, und die Prognosen sehen vor, dass bis 2030 zwei Prozent der deutschen Landfläche den Windrädern gehören könnten, sofern die Länder mitziehen.

Und auch auf dem Meer ist Windkraft ein Erfolg. Offshore-Windparks, die hoch aus der Nord- und Ostsee aufragen, nutzen die konstanten, starken Winde der offenen See. Sie sind teurer und komplexer in der Installation, doch sie nutzen den Wind weitaus effizienter als ihre Alternative auf dem Land. Seit der Inbetriebnahme des ersten deutschen

Offshore-Windparks im Jahr 2010 hat die Technologie einen beeindruckenden Beitrag von 16,9 Prozent zur deutschen Windenergie erreicht.

Die Offshore-Windkraft ist aber nicht nur eine tragende Säule der Energiewende, sie hat auch das Potenzial, ein Stabilisator zu werden. Ihre modernen Turbinen, gewaltige Strukturen mit einer durchschnittlichen Kapazität von neun Megawatt und Rotoren, so breit wie ein Fußballfeld, produzieren fast doppelt so viel Energie wie ihre Onshore-Gegenstücke. Sie sind so zuverlässig, dass sie seit 2022 zur Stabilisierung des Stromnetzes bei Schwankungen eingesetzt werden – eine Rolle, die bisher fossilen Kraftwerken vorbehalten war. Bis 2030 soll eine Leistung von 30 Gigawatt an Offshore-Windenergie installiert werden, und Untersuchungen zeigen, dass die deutschen Gewässer sogar genug Standorte für bis zu 82 Gigawatt Leistung bieten würden.

Die Ziele sind also hoch gesteckt, und die Gewässer unseres Landes bieten eine beträchtliche Kapazität zur Verwirklichung dieser Bestrebungen. Doch trotz ihres Potenzials ist die Windenergie nicht frei von Schwierigkeiten und Hürden. Es ist wichtig, zu verstehen, dass der Weg zu einer umfassenden Nutzung kein einfacher Spaziergang ist, sondern ein verschlungener Pfad mit vielen Tücken, Hindernissen – und Grenzen, die wir respektieren müssen.

Der Wind selbst mag eine unerschöpfliche Ressource sein, doch die Art und Weise, wie wir seine Energie einfangen und in Strom umwandeln, hat ihre Eigenarten. Diese reichen von technischen Herausforderungen, die mit der Unbeständigkeit des Windes und der Integration in unser

Stromnetz verbunden sind, über ökologische und soziale Bedenken, die die Akzeptanz der Windkraft beeinflussen, bis hin zu standortspezifischen Problemen. Die Auseinandersetzung mit diesen Faktoren ist unumgänglich und bedarf innovativer Lösungen. Zugleich aber müssen wir uns eingestehen, dass Windkraft allein niemals ausreichen wird, uns mit Energie zu versorgen. Nur ein breites Spektrum im Energiemix kann uns den Weg in eine nachhaltige Zukunft weisen.

Windenergie trägt zu einer unstetigen und schwer vorhersehbaren Energieproduktion bei, die sich auf die Stabilität des Stromnetzes auswirken kann. Und auch ihre Integration in das bestehende Stromnetz ist ein kniffliges Unterfangen, das sowohl die Speicherung als auch die Verteilung der erzeugten Energie berührt. Diese technischen Herausforderungen machen innovative Lösungen und technologische Weiterentwicklungen notwendig, um das Potenzial der Windenergie voll ausschöpfen zu können. Es geht um bedarfsgerechte, reaktionsschnelle Auslastung, aber auch um die Speicherung von Energie.

Doch die Herausforderungen sind nicht nur technischer Natur. Ökologische und partizipative Aspekte spielen ebenfalls eine Rolle. Die Installation und der Betrieb von Windkraftanlagen können Auswirkungen auf die Tierwelt haben, insbesondere auf Vögel und Fledermäuse. Sie beeinflussen außerdem das Landschaftsbild, was wiederum bei Anwohnern und Naturschützern auf Widerstand stößt. Hinzu kommen Lärmbelästigungen durch den Betrieb der Anlagen, die das Wohlbefinden beeinträchtigen können. Diese ökologischen und sozialen Herausforderungen erfordern eine gewissenhafte Planung und die Bereitschaft zu Kompromissen, um den Spagat zwischen der wirtschaftlichen Förderung und dem Schutz unserer natürlichen und sozialen Umwelt zu schaffen. Wie bei allen Infrastrukturprojekten ist eine frühzeitige und sensible Partizipation Betroffener zu gewährleisten. Die Abwägung der Interessen muss dabei am Gemeinwohl orientiert sein; sie darf nicht partikular ausfransen. Bezahlbarkeit für den durchschnittlichen Haushalt darf bei alledem nicht außer Betracht bleiben, denn sie erst sichert eine breite Akzeptanz für die Transformation des Energiesystems.

Zusätzlich kommen in Deutschland standortspezifische Herausforderungen hinzu. Zum einen gelten strenge Abstandsregelungen für Windkraftanlagen, die den verfügbaren Raum für deren Errichtung einschränken. Zum anderen stoßen neue Windparks in vielen Gemeinden auf Widerstand, oft aufgrund der bereits erwähnten ökologischen und sozialen Bedenken.

Ein weiterer Faktor ist die geografische Diskrepanz: Die windreichsten Gebiete sind oft nicht dort, wo der Energiebedarf am größten ist. Die Windenergie in Deutschland hat eine ausgeprägte regionale Dimension. So wehen die Winde an der Nord- und Ostseeküste wesentlich stärker und beständiger als in den südlicheren Regionen des Landes. Dies hat zur Folge, dass Bundesländer wie Niedersachsen und Schleswig-Holstein den Großteil der deutschen Windenergiekapazitäten beherbergen, während Bayern und Baden-Württemberg eine geringere Rolle spielen. Aber nicht nur diese natürlichen Windbedingungen sind ausschlaggebend. Auch die Infrastruktur, politische Strategien und regionale Energiebedürfnisse variieren von Bundesland zu Bundesland, was den Ausbau und die Nutzung der Windenergie maßgeblich prägt.

Niedersachsen und Schleswig-Holstein dominieren bei der Erzeugung vor allem durch ihre Küstenlage und das flache Terrain. Allein in Niedersachsen trug die Windkraft 2020 circa 75 Prozent zur Bruttostromerzeugung aus erneuerbaren Energien bei. Schleswig-Holstein deckt den Strombedarf sogar zu 100 Prozent aus Erneuerbaren, vor allem mittels 3.000 Windenergieanlagen. 2022 konnte das Land zudem fast doppelt so viel Energie aus erneuerbaren Quellen erzeugen, als es selbst verbraucht hat. In beiden Bundesländern ist die Windkraft damit als wesentlicher Bestandteil der regionalen Energiepolitik etabliert. Und auch in den östlichen Bundesländern spielen die Windräder inzwischen eine zentrale Rolle.

Bundesländer wie Bayern und Baden-Württemberg haben demgegenüber ein geringeres Erzeugungspotenzial. Hier erfordert der Ausbau der Windenergie besondere Anstrengungen, die aber Früchte tragen: Im »Ländle« etwa sind aktuell rund 100 Anlagen genehmigt, aber noch nicht am Netz. 133 Anlagen befinden sich im Genehmigungsverfahren, 178 Anlagen wurden den Genehmigungsbehörden bereits vorgestellt. Zusammen sind das mehr als 400 Windkraftanlagen, die aktuell in der Pipeline sind.

Herausforderungen bestehen oft in restriktiven Abstandsregelungen und landschaftlichen Gegebenheiten, die die Errichtung von Windkraftanlagen erschweren. Und auch die Akzeptanz bei der unmittelbar betroffenen Bevölkerung ist natürlich immer wieder ein Thema. Viele Menschen wollen keine »Windmühlen« in ihrer unmittelbaren Umgebung.

Andererseits sind es gar nicht so viele wie oft behauptet. Das »soziale Nachhaltigkeitsbarometer« des Instituts für transformative Nachhaltigkeitsforschung (IASS) etwa zeigt, dass »die Zustimmung zum Ausbau von Windenergieanlagen im Wohnumfeld unterschätzt« wird. Während die Befragten glauben, dass die Befürwortung für den Windausbau vor Ort in Gesamtdeutschland durchschnittlich bei einem Drittel (32 Prozent) liegt, ist es tatsächlich mehr als die Hälfte (59 Prozent).

Dennoch variieren die politische Unterstützung und die regulatorischen Rahmenbedingungen stark zwischen den Bundesländern. Während Niedersachsen und Schleswig-Holstein die Windenergie stark fördern und flexible Genehmigungsverfahren haben, sind Länder wie Bayern eher restriktiv, insbesondere was den Abstand von Windkraftanlagen zu Wohngebieten angeht. Dieser regionale Unterschied in der politischen Haltung und den Gesetzen kann die Geschwindigkeit und das Ausmaß des Windenergieausbaus in den einzelnen Bundesländern stark beeinflussen, unterstreicht aber auch die Notwendigkeit einer stärkeren Koordination zwischen Bund und Ländern. Eine effiziente und gerechte Energiewende erfordert eine angepasste Strategie, die die regionale Verteilung der Windenergie berücksichtigt. Nur so kann gewährleistet werden, dass alle Bundesländer ihren fairen Anteil an der Energiewende tragen und von ihren Vorteilen profitieren. In diesem Sinne hat das sogenannte Osterpaket des Gesetzgebers einen entscheidenden Beitrag geleistet: Es stellt klar, dass zum Beispiel auch Bayern einen bestimmten »Flächenbeitragswert« erfüllen muss. Und zusätzlich wurde für den Windausbau das »überragende öffentliche Interesse« festgeschrieben – eine Bestimmung, die den Planungs- und Genehmigungsbehörden als neues Abwägungsinstrument dienen kann und den Vorrangstatus der Windkraftanlagen verankert.

Technologische Grenzen, ökologische und partizipative Kompromisse, standortspezifische Fragen – diese Herausforderungen zeigen, dass die Windenergie einen zwar erheblichen Beitrag zur Deckung unserer Stromnachfrage leistet, dieser Beitrag jedoch regelmäßig mit guten Argumenten errungen werden muss. Akzeptanz ist dabei ein entscheidender Faktor. *Energy Sharing* ist das englische Zauberwort. Im Deutschen spricht man etwas hölzern von Energiegenossenschaften oder -gemeinschaften. Deren Umsetzung in der Fläche könnte sich zu einem wesentlichen Erfolgsfaktor für die Energiewende entwickeln.

Sicher ist: Um erfolgreich zu sein, erfordert sie vorerst einen vielfältigen Mix aus fossilen und erneuerbaren Energien, einschließlich Sonne, Wasser und Biomasse, außerdem verbesserte Energieeffizienz und Energiespeicherung. Nur mit einem breiten Spektrum an Energiequellen und kreativen Ansätzen können wir diese Herkulesaufgabe bewältigen. Windkraft spielt eine wichtige Rolle, aber sie ist Teil eines größeren Puzzles.

So auch bei der Veltins-Brauerei. Die Kombination aus

Windkraft, Photovoltaik, Biogas und sogar Wasserstoff soll ein energetisch autarkes Unternehmen schaffen. Eine bemerkenswerte Strategie. Die aber behindert werden könnte durch eine der ärgerlichsten, weil unnötigsten Hürden unserer Energiewende: überbordende Bürokratie, mühsame Etappen auf einer langen und gewundenen Straße des Genehmigungsverfahrens.

Dabei handelt es sich derzeit um ein Labyrinth aus komplexen Prozessen und Vorschriften, die oft mehr Hindernisse schaffen, als sie Lösungen bieten. Zentraler Knotenpunkt im Genehmigungsverfahren ist das Bundes-Immissionsschutzgesetz, das jede Windenergieanlage durchlaufen muss, die eine Gesamthöhe von mehr als 50 Metern erreicht. Aber dies ist nicht das einzige Gesetz, mit dem wir es zu tun haben. Natur- und Artenschutzrecht, Bauordnungs- und Bauplanungsrecht – alle diese Bereiche sind Teil des Prüfprozesses, der letztlich über die Genehmigung einer Windenergieanlage entscheidet. Und das gilt nicht nur beim Neubau, sondern auch bei der bloßen Verstärkung an vorhandenen Standorten.

Die Komplexität dieses Prozesses ist nicht nur für die Betreiber dieser Anlagen eine Herausforderung, sie ist auch eines der größten Hindernisse für die Ausweitung der Windenergie. Nicht die Technologie, die öffentliche Meinung oder die örtlichen Begebenheiten sind das Problem – sondern die Länge und die Komplexität des Genehmigungsprozesses selbst. Es ist klar, dass wir handeln müssen. Wenn wir nicht in der Lage sind, diese Verfahren schneller und effizienter zu gestalten, werden wir unsere Klimaziele verfehlen.

Dabei gibt uns die EU-Richtlinie für erneuerbare Energien von 2018 eine klare Zielsetzung vor: Genehmigungen sollten innerhalb von zwei Jahren nach Antragstellung erteilt werden. Doch die Umsetzung dieser Richtlinie stellt uns offensichtlich vor ein großes Problem.

Zwar hat die Ampelkoalition seit ihrem Regierungsantritt drei Bürokratie-Entlastungspakete auf den Weg gebracht. Aber das kann erst der Anfang sein. Sie müssen jetzt gelebte Praxis in Bund, Ländern und Kommunen werden. Tatsächlich aber stellen vorerst langwierige Planungs- und Genehmigungsverfahren sowie der Mangel an verfügbaren Flächen weiter die größten Zubauhürden dar.

Bis zu 32 Stellen haben ab Vorlage der Planungsunterlagen damit zu tun – um »öffentliche Belange« zu wahren. Auf dieser viel zu holprigen Straße des bürokratischen Missvergnügens wäre es jetzt höchste Zeit, Hindernisse und Schlaglöcher aus dem Weg zu räumen und wo nötig Leitplanken zu errichten, die Flexibilität im Durchlauf ermöglichen.

Zum Beispiel durch das Prinzip *One-Stop-Shop*: Eine Behörde hat die Federführung zur Genehmigung und klärt alle relevanten Aspekte intern mit anderen Behörden. Auch im Rechtsschutz ließe sich vieles straffen und bündeln, insbesondere sollte es keine Verbandsklagen Unbeteiligter geben. Wir könnten aber auch einen einheitlichen Rechtsrahmen schaffen, der die Breite der Prüfungen definiert und vor allem reduziert. Wir könnten Standards festlegen, die für alle Aspekte der Genehmigung gelten, besonders in den Bereichen Artenschutz, Luftverkehr und Denkmalschutz. Und es wäre sogar möglich, die Windenergie gegenüber anderen öffentlichen Interessen stärker zu priorisieren. Zum Beispiel, indem wir ein grundsätzliches Recht zum Bau von Erneuerbaren und Stromleitungen normieren und dezidierte Eingriffsmöglichkeiten festlegen – statt wie bisher andersherum.

Ebenfalls wichtig: Sind Unterlagen einmal eingereicht und nach sorgfältiger Prüfung als ausreichend akzeptiert worden, dürfen sie nicht wieder rückholbar sein und von null an neu eingefordert werden, nur weil belanglose Formalien nicht akribisch eingehalten wurden oder »überraschend« neue, in der Abwägung irrelevante Sachverhalte nachgeschoben wurden; Letztere seitens vermeintlich »Betroffener«, womöglich nur mit dem Ziel, absichtlich obstruktiv zu wirken.

Außerdem sollte die Politik prüfen, inwieweit das Umwelt-Rechtsbehelfsgesetz in seiner Anwendung durch Umweltverbände so gefasst wird, dass wichtige und dringend erforderliche Infrastrukturprojekte in der Durchführung nicht blockiert werden. Das LNG-Beschleunigungsgesetz – zuletzt im Juli 2023 angepasst – liefert hier zwar eine Blaupause. Aber das Gesetz soll ja, so will es der zuständige Bundesminister, nur der akuten, durch die Alarm- und Notfallstufe im Gasbereich entstandenen Versorgungslage geschuldet sein. Doch geht es nicht auch akut um den »Normalfall« Energiewende 2030 und die absehbare Zielverfehlung im Klimaschutzgesetz?

Die Brauerei Veltins jedenfalls hat für den Bau ihrer Eigenversorgung unterdessen zehn Jahre angesetzt. Es ginge wohl auch schneller – aber rund die Hälfte der Zeit wird durch das Genehmigungsverfahren in Beschlag genommen. Niemand kann das für einen gangbaren Weg in eine bessere Zukunft halten. Es ist an der Zeit, dass wir uns von der Praxis der Verhinderung verabschieden und einen pragmatischen Ansatz verfolgen. Einen Ansatz, der es uns ermöglicht, das volle Potenzial der Windenergie zu nutzen und gleichzeitig die notwendigen Schutzmaßnahmen einzuhalten. Wenn die Energiewende gelingen soll, müssen wir sicherstellen, dass unsere Gesetze und Vorschriften uns nicht im Weg stehen. Sie sollten uns stattdessen helfen, unsere Ziele zu erreichen.

Kapitel 4

Energie, die von Feldern und Balkonen kommt

Oder: Warum Photovoltaik den Anschluss an intelligente Netze und kluge Politik braucht

Die schönsten Geschichten der Wissenschaft beginnen oft mit einer zufälligen Entdeckung: Penizillin, Röntgenstrahlen – und auch die Photovoltaik, also die Umwandlung von Licht in elektrische Energie.

Es ist das Jahr 1839, eine Zeit der Erfinder und des rasanten wissenschaftlichen Fortschritts. Der gerade 19-jährige Alexandre Edmond Becquerel experimentiert im Labor seines Vaters mit elektrolytischen Zellen und misst den zwischen Anode und Kathode fließenden Strom. Er stellt fest, dass der Strom stärker fließt, wenn er den Schein einer Lampe darauf richtet. Eine folgenschwere Entdeckung: Becquerel beobachtet, was später als photoelektrischer Effekt bekannt wird. Das Herauslösen eines Elektrons aus einem Festkörper, der mit Licht bestrahlt wird.

Physikalisch erklären konnte sich Becquerel diesen Effekt noch nicht – und vermutlich hatte er auch keine Ahnung, dass diese Beobachtung der Beginn einer Forschungsgeschichte werden würde, die zu einer effizienten, umweltfreundlichen und zukunftsweisenden Form der Energiegewinnung führen sollte: der Solarenergie.

Diese Geschichte ist vor allem im deutschsprachigen Raum eine Geschichte von Innovation, Durchhaltevermögen und visionärem Denken. Das beginnt schon mit der physikalischen Erklärung des beobachteten Effekts. Diese lieferte nämlich kein Geringerer als Albert Einstein, der im Jahr 1921 für seine sogenannte Lichtquantentheorie den Nobelpreis für Physik erhielt und damit seinen Ruf als berühmtester Wissenschaftler unserer Zeit begründete.

Einstein revolutionierte mit seiner Theorie das wissenschaftliche Verständnis von Licht: Er postulierte, dass Licht aus Energiepaketen besteht, den »Photonen«, und sowohl Wellen- als auch Teilcheneigenschaften besitzt. Er erklärte damit den photoelektrischen Effekt und zeigte, dass die Energie eines ausgestoßenen Elektrons von der Frequenz des Lichts abhängt, nicht von seiner Intensität. Einsteins Theorie widersprach der klassischen Wellentheorie des Lichts und legte damit den Grundstein für eine gezielte Nutzung als Energiequelle.

Zu Einsteins Zeit steckte die dazugehörige Technologie natürlich noch in den Kinderschuhen und die Nutzung der Sonnenenergie war mehr eine wissenschaftliche Kuriosität als eine praktische Alternative. Aber die Forschung erzielte schnell große Fortschritte, und mit der Ölkrise der 1970er-Jahre änderte sich auch ihre politische Bedeutung. Die plötzliche und schmerzhafte Bewusstwerdung der Begrenztheit fossiler Brennstoffe trieb die Suche nach alternativen Energiequellen voran. Vor allem in der Industrie schaute man mit großem Interesse auf die Photovoltaik. Trotz der damals noch hohen Kosten und technischen Herausforderungen erkannten Pioniere das immense Potenzial der Sonne als saubere, unerschöpfliche Energiequelle.

Der wirtschaftliche Durchbruch der erneuerbaren Energien in Deutschland kam mit der Einführung des Erneuerbare-Energien-Gesetzes (EEG) im Jahr 2000. Dieses Gesetz, das eine feste Einspeisevergütung für Strom aus erneuerbaren Quellen garantierte, löste einen beispiellosen Boom im Bereich der Photovoltaik aus. Innerhalb weniger Jahre stieg die installierte Leistung von Photovoltaikanlagen exponentiell an, und Deutschland etablierte sich weltweit als Marktführer. Die Subventionen des EEG erwiesen sich jedoch zunehmend als ein süßes Gift. Sie beschleunigten zwar die Einführung und Verbreitung erneuerbarer Energien, führten aber auch zu einer erheblichen Belastung der Stromverbraucher. Die Kosten für die Förderung wurden direkt über die Stromrechnungen finanziert, was insbesondere einkommensschwächere Haushalte überproportional belastete. Die politische Marktverzerrung hat außerdem die Entwicklung von effizienteren und kostengünstigeren Lösungen lange gehemmt. Eine künstlich gesteigerte Nachfrage bietet Unternehmen erfahrungsgemäß weniger Anreize, in Innovationen zu investieren.

Und dennoch: Trotz der zum Teil erheblichen Rückschläge durch die verfehlte Subventionspolitik haben die technologischen Fortschritte und die sinkenden Kosten die Solarenergie wirtschaftlicher und zugänglicher gemacht. Im Jahr 2022 erzeugten Photovoltaikanlagen in Deutschland beeindruckende 62 Milliarden Kilowattstunden Strom – das sind 10,8 Prozent des gesamten Stromverbrauchs im Land. Die Photovoltaik ist in Deutschland längst kein Nischenprodukt mehr, sondern zu einer relevanten Technologie im Energiemix geworden. Der jüngste Boom von sogenannten Balkonkraftwerken, also von kleinen, schnell installierbaren Anlagen für den Hausgebrauch, ist nur ein weiteres Kapitel dieser Erfolgsgeschichte.

Für die Energiewende sind das erstmal gute Nachrichten. Eines der größten Versprechen der Solarenergie ist nämlich, die Energiegewinnung unabhängiger von fossilen Brennstoffen zu machen. Als erneuerbare Energiequelle ist sie unerschöpflich und lässt sich lokal erzeugen, was die Energieversorgungssicherheit erhöht und hilft, unsere Abhängigkeit von importierten Energieträgern zu reduzieren. Die Technologie bringt darüber hinaus viele ökonomische Vorteile – sie hat das Potenzial, neue Arbeitsplätze zu schaffen und zur wirtschaftlichen Entwicklung beizutragen, weil sie zahlreiche Innovationsmöglichkeiten bietet und Deutschland an der Spitze der globalen Energiewende positionieren kann. Vor allem aber ist Solarenergie sehr umweltfreundlich; die Nutzung von Sonnenenergie ist eine der effektivsten Methoden, um CO_2-Emissionen zu senken. Sie kann Deutschland helfen, seine Klimaziele zu erreichen und den globalen Herausforderungen des Klimawandels zu begegnen.

Alles in allem also starke Qualitäten: Unabhängigkeit von fossilen Brennstoffen, die Reduktion von Treibhausgasen und noch dazu wirtschaftliche Vorteile – man könnte meinen, dass mit der Solarenergie die perfekte Methode zur Stromerzeugung gefunden wurde. Aber in der Praxis ist es leider etwas komplizierter, denn bei der wirtschaftlichen Nutzung stellen sich eine Reihe von Herausforderungen.

Zunächst einmal muss die Frage der Infrastruktur geklärt werden. Die Integration von Photovoltaikanlagen in das bestehende Stromnetz ist kompliziert, denn diese Anlagen sind in der Regel dezentral verteilt und erzeugen Strom in Abhängigkeit von der Sonneneinstrahlung. Das führt zu Schwankungen in der Stromerzeugung und kann die Stabilität des Netzes gefährden.

Die Lösung liegt in der Entwicklung und Implementierung intelligenter Stromnetze, auch *Smart Grids* genannt. Diese Netze überwachen und steuern die Stromerzeugung und den Stromverbrauch in Echtzeit, um ein Gleichgewicht zwischen Angebot und Nachfrage zu gewährleisten. Sie können auch den Stromfluss regulieren, um Überlastungen zu vermeiden und die Netzstabilität zu gewährleisten. Außerdem tragen moderne Energiespeichertechnologien dazu bei, die Schwankungen in der Erzeugung auszugleichen. Durch die Speicherung von überschüssigem Solarstrom während der Spitzenproduktion und die Bereitstellung dieses Stroms während Perioden geringer Produktion sorgen Energiespeicher dafür, dass die Netzstabilität gewährleistet und die Integration erleichtert wird.

Wer also auf Photovoltaik setzen will, kommt an *Smart Grids* und Speichern nicht vorbei. Aber obwohl diese intelligenten Netze seit einigen Jahren vor allem in Baden-Württemberg erprobt werden, sind wir dank der überbordenden

Bürokratie von einem noch viel weiter gehenden, bundesweiten Einsatz noch Jahre entfernt.

Ähnlich ist es bei den Speichern. Große Batterien sind teuer und in der Produktion nicht unbedingt umweltfreundlich. Alternativen wie die Zwischenlagerung der Energie in Pumpspeichern oder gar in grünem Wasserstoff erfordern ebenfalls eine aufwendige und kostspielige Infrastruktur, von der bisher – abgesehen von einigen Pilotprojekten – noch nicht viel zu sehen ist.

Auch der Neubau von Photovoltaikanlagen bleibt eine komplizierte Angelegenheit. Bei einem großangelegten, landesweiten Ausbau stellt sich unweigerlich die Frage nach dem Platz. Große Freiflächenanlagen beispielsweise können erhebliche zusätzliche Erzeugungskapazitäten schaffen, sind aber auf geeignete Orte mit verbindlichen Planungshorizonten angewiesen. Das sind beispielsweise strukturell benachteiligte Gebiete oder Flächen, die eine Mehrfachnutzung ermöglichen; außerdem Schutzgebiete, die durch die Anlagen nicht beeinträchtigt würden. Im Gegensatz zu vielen anderen Nutzungsarten solcher Flächen bieten Photovoltaikanlagen hier sogar einen ökologischen Mehrwert. Wenn Anlagen beispielsweise aufgeständert werden, man sie also auf Gerüsten ein paar Meter über dem Boden installiert, lassen sich die Flächen darunter für den Gemüseanbau oder zur Naturierung nutzen. Vor allem aber können sogenannte Bergbaufolgelandschaften für die Photovoltaik genutzt werden – also Landschaften, die durch den Ausstieg aus der fossilen Energieerzeugung entstehen. Das bedarf allerdings zunächst einer Beseitigung investitionshemmender Regelungen des Bauplanungs- und Raumordnungsrechts.

Und damit sind wir bei der Politik. Denn wie bei allen erneuerbaren Energien spielt die Politik auch für die Solarenergie eine entscheidende Rolle. Die Fehler des EEGs jedenfalls dürfen nicht wiederholt werden.

Um die Solarenergie in Deutschland wirklich voranzubringen, müssen wir die Ausbaugeschwindigkeit drastisch erhöhen. Glücklicherweise sind die Kosten für Solarmodule in den letzten Jahren stark gesunken und werden voraussichtlich auch weiter sinken. Dies ist auf die immer bessere Kosteneffizienz in der Fertigung zurückzuführen, außerdem auf den zunehmenden Konkurrenzdruck auf dem Markt, der auch die Preise für Endkunden positiv beeinflusst. Die Zeichen des Marktes stehen also günstig.

Die Politik sollte das zum Anlass nehmen, auf eine Vielzahl von Maßnahmen zu setzen, die die gesamte Bandbreite der Photovoltaik-Segmente berücksichtigen – von Freiflächen über Dachanlagen bis hin zu innovativen Lösungen. Insbesondere darf der Netzanschluss nicht aus dem Blick geraten: Die zahlreichen neuen dezentralen Erzeugungsanlagen müssen effizient in das Netz integriert werden, damit der erzeugte Solarstrom auch genutzt werden kann. Der Ausbau der Photovoltaik muss also von einem intelligenten Netzausbau flankiert werden.

Außerdem ist es dringend erforderlich, die Flächenverfügbarkeit für PV-Freiflächenanlagen zu erhöhen. Hier sollten alle Potenziale voll ausgeschöpft werden, von der umfassenden Nutzung benachteiligter Gebiete bis zu vereinheitlichten Regelungen bei den privilegierten Flächen. Ganz konkret könnte das zum Beispiel gelingen, indem der Korridor privilegierter Flächen entlang von Schienen und Autobahnen erweitert wird, um den Ausbau von Solaranlagen entlang dieser Infrastrukturen zu erleichtern.

Was aber auch immer unternommen wird: Eine konstruktive Partnerschaft zwischen Industrie und Politik ist unerlässlich, um diesen Ausbau voranzutreiben. Es gibt bereits zahlreiche Beispiele für erfolgreiche Kooperationen, die den Weg geebnet haben – von gemeinsamen Forschungs- und Entwicklungsprojekten bis hin zur Mitgestaltung von Politik und Regulierung. Die Industrie bringt dabei technische Expertise und praktisches Wissen ein, um realistische und effektive Lösungen zu entwickeln.

Die Aufgaben der Politik sind bekannt, aber auch die Industrie muss ihren Teil beitragen: verbesserte Leistung von Solarmodulen, Erschließung neuer Flächen für Photovoltaik sowie die Konzentration darauf, Solarzellen noch umweltfreundlicher zu gestalten und das Recycling voranzutreiben. Sicherlich keine kleinen Aufgaben, mit vereinten Kräften aber durchaus zu lösen.

Ein herausragendes Beispiel für die Leistungssteigerung ist beispielsweise die Entwicklung von Perowskit-Zellen. Diese neuartigen Solarzellen zeichnen sich durch hohe Effizienz, Flexibilität und vergleichsweise niedrige Herstellungskosten aus, was sie zu einer vielversprechenden Technologie für die Zukunft der Solarenergie macht. Aber auch bei der Optimierung bestehender Technologien wie monokristallinen Siliziumzellen hat die Industrie bemerkenswerte Fortschritte gemacht. Durch kontinuierliche Verbesserungen in der Fertigungstechnik konnten Unternehmen die Effizienz dieser Zellen weiter steigern und gleichzeitig die Kosten reduzieren. Und auch sonst ist die Branche überaus kreativ: An der Universität von Los Angeles lässt man sich zum Beispiel von Sonnenblumen inspirieren, sodass sich die neu entwickelten Module an der Sonnenbewegung orientieren, um ein Maximum an Licht einzufangen.

Wenn es allerdings um neue Flächen geht, schaut man am besten auf den wohl interessantesten Aspekt der Photovoltaik: die Möglichkeit zur dezentralen Energieerzeugung auf kleinster Ebene. Sie ermöglicht es den Verbrauchern, zu Produzenten zu werden und aktiv an der Energiewende teilzunehmen – zum Beispiel durch die bereits erwähnten Balkonkraftwerke. Aber auch in anderen Formen: durch Anlagen auf Dächern und Freiflächen bis hin zu innovativen Anwendungen wie *Agri-PV* oder *Floating-PV*. *Agri-PV* meint dabei die doppelte Nutzung von Land für die Landwirtschaft und die Erzeugung von Solarenergie. Sie minimiert die Nutzungskonkurrenz zwischen Energieerzeugung und Landwirtschaft und erhöht gleichzeitig die Effizienz der Landnutzung. *Floating-PV* wiederum beschreibt die Installation von Solarmodulen auf schwimmenden Strukturen; sie bietet eine produktive Lösung zur Nutzung von Wasserflächen für die Energieerzeugung, insbesondere in Gebieten, in denen die Landverfügbarkeit begrenzt ist.

Durch technologische Innovationen ergeben sich aber auch ganz neue Möglichkeiten, zum Beispiel transparente Solarfolien, die man auf Fenster oder andere Glasflächen klebt, um das einfallende ultraviolette Licht in Strom umzuwandeln. Außerdem werden gerade spezielle Farben entwickelt, die, auf leitende Oberflächen gepinselt, der Stromerzeugung dienen können. Wer weiß, vielleicht werden Elektroautos in Zukunft photovoltaisch lackiert? Das erforschen zumindest Wissenschaftler der Universität Ulm. Das Prinzip ist recht einfach: Rote Farbstoffmoleküle absorbieren das Sonnenlicht und setzen Elektronen frei, die zunächst an Titandioxid-Nanopartikel abgegeben werden. Diese sind in einem Elektrolyten eingebettet, der die Elektronen mittels Jodid-Ionen zur positiven Elektrode transportiert. Die Sonne strahlt, der Lack liefert Strom. Allerdings: Solche Lösungen dürften noch eine ganze Weile Zukunftsmusik bleiben.

Bei allen Innovationen müssen wir uns aber auch darauf konzentrieren, Solarmodule umweltfreundlicher zu machen. Organische Solarzellen, die ohne Silizium und das klimaschädliche Treibhausgas NF3 auskommen, könnten eine Lösung sein, neue Recycling-Methoden dazu beitragen, die Module komplett wiederverwendbar zu machen.

Bessere Leistung, mehr Flächen und umweltfreundlichere Technologie – dieser Dreiklang ermöglicht es, die Solarenergie optimal zu nutzen und ihre Vorteile voll auszuschöpfen. Die Industrie wird eine entscheidende Rolle bei der Umsetzung spielen. Sie kann die treibende Kraft hinter der Entwicklung und Implementierung neuer Technologien sein und die Effizienz und Wirtschaftlichkeit der Solarenergie weiter verbessern.

Denn es liegt ja auf der Hand: Die Sonne ist eine unerschöpfliche Quelle von Energie. Sie hat das Potenzial, unseren Energiebedarf auf unbestimmte Zeit zu decken und gleichzeitig unseren Planeten zu schützen. Mit der richtigen Technologie und ausreichend politischem Willen können wir diese Energie nutzen und eine nachhaltige Zukunft schaffen. Allerdings sind dabei Innovationsoffenheit, eine stringente Politik und strategische Planung vonnöten, bei der nichts dem Zufall überlassen werden sollte – ohne freilich einen Rücksturz in die Bürokratie zu erleiden. In seiner eingangs erwähnten Arbeit zur Lichtquantentheorie schrieb Albert Einstein den berühmten Satz: »Gott würfelt nicht mit dem Universum.« Wir sollten es mit der Energiewende ganz genauso halten.

Kapitel 5
Wundermittel Wasserstoff?
Oder: Von der Science-Fiction-Vision in die Wirklichkeit

Es ist wohl das berühmteste U-Boot der Welt: die Nautilus, gesteuert vom mysteriösen Kapitän Nemo. Jules Verne, der französische Meister des wissenschaftlichen Abenteuerromans, veröffentlichte im Jahr 1870 mit *20 000 Meilen unter dem Meer* nicht nur eine fesselnde Geschichte, sondern auch eine visionäre und zugleich ungemein praktische Vorstellung von Energie. Die Nautilus nutzte die Elektrolyse von Meerwasser, um Wasserstoff und Sauerstoff zu gewinnen. Der Wasserstoff diente als Brennstoff für den Antrieb des U-Boots, während der Sauerstoff die Atemluft für die Besatzung bereitstellte. Verne war seiner Zeit weit voraus, und seine Ideen klingen heute, mehr als ein Jahrhundert später, erstaunlich aktuell.

Denn auch im Deutschland des 21. Jahrhunderts hat man große Pläne für Wasserstoff. Im Jahr 2020 ließ Bundeskanzlerin Angela Merkel die nationale Wasserstoffstrategie entwickeln, die auch von der Nachfolge-Regierung weiterverfolgt wird. Das Hauptziel ist die Förderung von Wasserstoff aus erneuerbaren Energien. Bis 2030 sollen dafür in Deutschland Erzeugungskapazitäten von mindestens zehn Gigawatt geschaffen werden. Darüber hinaus ist der Aufbau eines deutschen Leitungsnetzes von zunächst 1.800 Kilometer Länge für den Wasserstofftransport geplant, ergänzt durch weitere 4.500 Kilometer in anderen EU-Ländern. Die Bundesregierung hat vor, große Mengen an Wasserstoff aus anderen Ländern zu importieren. In der Umsetzung zeigen sich jedoch zwei größere Problemlagen: ein Effizienzproblem und ein Transportproblem. Unüberwindbar ist keines davon – wenn wir uns an Jules Verne ein Beispiel nehmen und nicht nur visionär, sondern auch praktisch denken.

Zunächst zur Effizienz: Wasserstoff ist das häufigste, leichteste und zugleich einfachste Element im Universum – 93 Prozent aller Atome sind Wasserstoffatome. Sie bestehen lediglich aus einem Proton und einem Elektron. Wer bei diesen Eigenschaften aber glaubt, Wasserstoff sei deshalb eine leicht nutzbare Überflussenergie, der irrt gewaltig. Denn Wasserstoff hat als Energiequelle ein großes Effizienzproblem, und zwar auf zwei Ebenen: im energetischen Sinne und in Bezug auf Nachhaltigkeit.

Die energetische Effizienz bezieht sich auf das Verhältnis von eingesetzter zu gewonnener Energie. Wasserstoff existiert in der Natur nicht in Reinform und muss erst durch ein Umwandlungsverfahren erzeugt werden. Bei der Herstellung von Wasserstoff durch Elektrolyse beispielsweise wird elektrische Energie verwendet, um Wasser in Wasserstoff und Sauerstoff zu spalten. In der Regel geht dabei allerdings mehr als ein Drittel der eingesetzten Energie verloren: Der

Wirkungsgrad einer durchschnittlichen Elektrolyse beträgt nur 60 bis 70 Prozent.

Das ist – zumindest im Pkw – sehr ineffizient, wie vor allem im Vergleich zur direkten Nutzung erneuerbarer Energie deutlich wird. Nehmen wir beispielsweise ein Elektrofahrzeug, das mit Strom aus einer Batterie betrieben wird, und vergleichen es mit einem Fahrzeug, das mit einer Brennstoffzelle ausgestattet ist. Ein elektrischer Antrieb kommt im Schnitt auf einen Wirkungsgrad von 90 Prozent, eine mit Wasserstoff betriebene Brennstoffzelle dagegen nur auf rund 75 Prozent. Der Grund liegt auf der Hand: Während beim Elektroauto der Strom direkt in den Antrieb fließt, muss er bei der Wasserstoffvariante erst in Wasserstoff umgewandelt und dann in einer Brennstoffzelle wieder in Strom zurückverwandelt werden. Jeder dieser Schritte bringt Energieverluste mit sich.

Um diesen Schwachpunkt abzufedern, forscht die Wissenschaft erfolgreich an der energetischen Effizienz. Neue Materialien und Designs haben zu Brennstoffzellen geführt, die bei niedrigeren Temperaturen arbeiten, weniger teure Katalysatoren benötigen und länger genutzt werden können. Und auch bei der Elektrolysetechnologie gibt es gute Nachrichten: Moderne Elektrolyseure, insbesondere solche, die auf Festoxid-Technologie oder PEM (kurz für *Proton Exchange Membrane*, also »Protonenaustauschmembran«) basieren, versprechen nicht nur eine höhere Effizienz, sondern auch eine längere Lebensdauer. Diese Fortschritte könnten die Kosten für Wasserstoff erheblich senken und seine Wettbewerbsfähigkeit gegenüber anderen Energiequellen erhöhen. Darüber hinaus wird es immer einfacher werden, Elektrolyseure und erneuerbare Energiequellen zu verbinden, sobald die Produktion skaliert und neue, modulare Designs zum Einsatz kommen.

Womit wir bei der zweiten Ebene des Effizienzproblems wären: der Nachhaltigkeit. Eine wirklich klimaneutrale Energiequelle ist Wasserstoff aus Elektrolyse nur, wenn der dafür verwendete Strom aus erneuerbaren Quellen stammt; wenn der Wasserstoff also »grün« ist, weil die Elektrolyse ihren Strom aus der Windkraft, der Wasserkraft oder der Photovoltaik bezieht. Erst dann ist Wasserstoff auch im Sinne der Energiewende effizient, also wirksam.

In diesem Zusammenhang ist eine regelrechte Farbenlehre entstanden. Grüner Wasserstoff ist hier das Ideal, allerdings werden auch andere Farben ins Spiel gebracht, die auf einem anderen Verfahren basieren, der sogenannten Dampfreformierung. Übergangslösungen, bis erneuerbare Energien zur Elektrolyse in ausreichendem Maße zur Verfügung stehen. »Grauer Wasserstoff« zum Beispiel, der aus fossilen Brennstoffen gewonnen wird und dessen Produktion CO_2 freisetzt. Oder »blauer Wasserstoff«, bei dessen Herstellung ebenfalls fossiler Brennstoff verwendet wird, man das entstehende CO_2 allerdings abscheidet und speichert, sodass es nicht in die Atmosphäre gelangt. Es gibt sogar den Begriff »türkiser Wasserstoff«, der durch thermische Spaltung von Methan bei hohen Temperaturen erzeugt wird, wobei fester Kohlenstoff als Nebenprodukt anfällt. Das Spektrum vervollständigen »gelber Wasserstoff« als Teil des Strommixes, und »roter Wasserstoff« – der aus Kernkraft gewonnen wird.

Um auch hier Fortschritte im Sinne der Energiewende zu erzielen, empfiehlt sich ein pragmatischer Umgang mit diesen Farben. Grauer Wasserstoff hat zum Beispiel den Vorteil, dass er mit bestehenden Technologien und Infrastrukturen produziert werden kann. Dies ermöglicht eine rasche Skalierung der Wasserstoffproduktion, um den wachsenden Bedarf zu decken. Natürlich ist der CO_2-Fußabdruck von grauem Wasserstoff ein ernstes Anliegen, aber er kann als Übergangslösung dienen, bis erneuerbare Technologien in wirklich großer Menge zur Verfügung stehen. Blauer Wasserstoff wiederum bietet eine interessante Zwischenlösung. Durch Technologien zur CO_2-Abscheidung und -Speicherung (CCS) wird das bei der Produktion freigesetzte CO_2 abgefangen und gespeichert oder genutzt. Dies reduziert den CO_2-Fußabdruck erheblich und macht blauen Wasserstoff zu einer attraktiveren Option für umweltbewusste Anwendungen.

Doch wenn wir Wasserstoff schnell in den Energiemix integrieren und effizient nutzen wollen, brauchen wir alle Farben. Natürlich ist grüner Wasserstoff das Ideal – aber in einer Welt, die nach sofortigen Lösungen für drängende Klimaprobleme sucht, bietet andersfarbiger Wasserstoff viele Möglichkeiten, um den Übergang zu beschleunigen. Mehr noch: Mit allen Farben im Einsatz würde genügend Wasserstoff verwendet, um endlich den Hochlauf der entsprechenden Infrastruktur zu ermöglichen.

Neben dem Effizienzproblem gibt es noch eine zweite Herausforderung: den Transport. Wasserstoff ist zwar das leichteste Element im Universum, in seiner Handhabung aber überaus komplex. Grund dafür sind die Beschaffenheit des Stoffs und die Ansprüche an die Infrastruktur bei seiner Beförderung.

Das kleinste Atom des Universums ist sehr flüchtig und kann aus den meisten Behältnissen leicht entweichen. Hinzu kommt, dass Wasserstoff in seiner natürlichen Form als Gas ein enormes Volumen einnimmt. Um ihn effizient zu transportieren, muss er entweder verflüssigt oder komprimiert werden, was zusätzliche Energie erfordert – womit wir wieder bei der Effizienz wären. Denn die Verflüssigung von Wasserstoff erfordert extrem niedrige Temperaturen von etwa –253 Grad Celsius. Das stellt die Industrie nicht nur vor technische, sondern auch vor energetische Herausforderungen, weil der Kühlprozess selbst viel Energie verbraucht. Und wenn Wasserstoff dann komprimiert ist, erfordert seine Speicherung wegen des hohen Drucks äußerst robuste und oft sehr teure Speichertanks.

Außerdem ist da noch das Problem der Standardisierung. Während fossile Brennstoffe wie Erdöl und Erdgas nach einem Standardisierungsprozess in der Vergangenheit nun in weitgehend gleicher Qualität produziert werden, kann Wasserstoff je nach Herstellung unterschiedliche Reinheitsgrade und Eigenschaften aufweisen. Behandlungs- und Transportverfahren müssen das berücksichtigen, und auch die Integration von Wasserstoff in bestehende Energiemärkte wird dadurch nicht unbedingt einfacher.

Die anspruchsvolle Beschaffenheit von Wasserstoff findet ihre Entsprechung im Transport. Während Erdöl und Erdgas relativ schnell durch Pipelines gepumpt werden können, ist der Transport von Wasserstoff aus den genannten Gründen oft langsamer, insbesondere wenn er in flüssige Form gebracht wurde. Dies kann zu Engpässen in der Versorgung führen, nicht zuletzt dann, wenn die Nachfrage plötzlich steigt. Der geografische Faktor ist dabei nicht zu vernachlässigen: Während erneuerbare Energiequellen wie Wind und Sonne auch in abgelegenen Gebieten reichlich vorhanden sind, befinden sich die Hauptverbraucher von Wasserstoff meistens in städtischen Gebieten oder industriellen Zentren. Für einen flächendeckenden Einsatz braucht es also lange Transportwege, die die Kosten und den Energieverbrauch weiter in die Höhe treiben.

Diese Wege müssen eigens angelegt werden. Die bestehende Infrastruktur unserer Energiewirtschaft ist nämlich auf den Transport von flüssigen fossilen Brennstoffen wie Erdöl und Erdgas ausgerichtet; Pipelines, Tanker und Lageranlagen sind für diese Stoffe optimiert. Wasserstoff hingegen erfordert eine eigene Infrastruktur.

Aktuell existieren in Deutschland drei regionale Wasserstoffnetze. Das längste dieser Netze erstreckt sich im Ruhrgebiet über 240 Kilometer. Im Mitteldeutschen Chemiedreieck, das Bitterfeld, Schkopau und Leuna umfasst, gibt es ein Wasserstoffnetz von 150 Kilometer Länge. Schleswig-Holstein verfügt über eine Wasserstoffleitung von 30 Kilometern. Für ein Gelingen der Energiewende ist das zu wenig – aber immerhin planen große Industrieunternehmen derzeit, Erdgasleitungen von Energiekonzernen zu erwerben und sie entsprechend umzubauen. Außerdem gibt es Bestrebungen, diese Anbindungen auch ins benachbarte Ausland zu erweitern.

Das deutsche Erdgasnetz, das eine beeindruckende Länge von 550 000 Kilometern umfasst und einen Gesamtwert von rund 300 Milliarden Euro hat, könnte potenziell für den Wasserstofftransport genutzt werden. Dies wäre eine kostengünstige und schnelle Lösung. Aber auch hier gibt es Bedenken. Denn Wasserstoff kann Stahl spröde werden lassen und so die Sicherheit der Pipeline gefährden. Außerdem kann er, wenn die Moleküle mit Resten von Erdgas in Kontakt kommen, sogenanntes Methanhydrat bilden – eine feste Verbindung, die Pipelines verstopft. Einige Studien zeigen zwar, dass die Stahlrohrleitungen für den Wasserstofftransport grundsätzlich geeignet sind. Bestimmte Einbauteile oder Stationselemente müssten jedoch verstärkt oder ersetzt werden. Die geschätzten Kosten für die Umrüstung der bestehenden Infrastruktur liegen bei rund 30 Milliarden Euro. Immerhin gibt es hier viele Pilotversuche, die auch mit anderen Materialen arbeiten – zum Beispiel mit Gasleitungen aus Polyethylen.

Für den Transport von Wasserstoff aus Ländern wie Norwegen, Kanada oder Katar nach Deutschland könnte Ammoniak eine Lösung sein. Ammoniak bindet Wasserstoff in einem chemischen Prozess und hat den Vorteil einer höheren Energiedichte. Dies ermöglicht den Transport von mehr Energie bei gleichem Volumen. Für den Import aus entfernten Regionen könnte man auf die Umwandlung von Wasserstoff in Ammoniak oder synthetisches Methan zurückgreifen und entsprechende Tankschiffe nutzen. Die derzeit für LNG (*Liquefied Natural Gas*) vorgesehenen Import-Terminals könnten mit geringfügigen Anpassungen auch Ammoniak aufnehmen. Für mittlere Transportdistanzen, wie beispielsweise aus Norwegen, wären On- und Offshore-Pipelines die bevorzugte Wahl.

Eine Weiterentwicklung der Wasserstoffinfrastruktur wäre jedenfalls ein entscheidender Schritt, um Deutschland in eine kohlenstoffarme Zukunft zu führen. Denn grundsätzlich gilt zwar: Wo immer es machbar ist, sollte aus Effizienzgründen der direkte Einsatz von Strom bevorzugt werden. Allerdings gibt es Bereiche, in denen Wasserstoff eine sehr gute Alternative darstellt. Insbesondere dort, wo der Einsatz von grünem Direktstrom weder ökonomisch sinnvoll noch technisch realisierbar ist. Große Fahrzeuge wie Lkw, die lange Strecken zurücklegen müssen, könnten von Brennstoffzellen profitieren, da Batterien den hohen Energiebedarf mittelfristig nicht decken werden. Für Frachtschiffe oder Flugzeuge, die interkontinentale Strecken zurücklegen, könnten Wasserstoff oder darauf basierende synthetische Kraftstoffe die einzige Möglichkeit sein, auf nachhaltige Energie umzurüsten.

Mit Blick auf die nationale Wasserstoffstrategie steht die Politik also vor drängenden Aufgaben: Auf der Makroebene geht es darum, die verschiedenen Sektoren der Wasserstoffwirtschaft – Erzeugung, Transport und Anwendung – zu koordinieren. Dies erfordert eine sorgfältige Abstimmung der energiepolitischen Ziele, um sicherzustellen, dass alle Bereiche effizient und harmonisch zusammenarbeiten. Auf der Mikroebene steht die Industrie vor der Herausforderung, ausreichende Produktionskapazitäten für grünen Wasserstoff in Deutschland zu schaffen. Das Hauptproblem hierbei ist nicht der Bau von Elektrolyseuren, sondern der parallele Ausbau erneuerbarer Energien. Und der stößt, wie schon in den vorigen Kapiteln beschrieben, auf zum Teil erheblichen bürokratischen und gesellschaftlichen Widerstand.

Da Deutschland nicht in der Lage sein wird, den gesamten Bedarf an Wasserstoff selbst zu decken, wird der Import von Wasserstoff und wasserstoffbasierten Energieträgern unerlässlich sein. Angesichts der globalen Nachfrage und der Transformation anderer Industrienationen zur Klimaneutralität ist es jedoch ungewiss, ob das Importangebot ausreicht. Vor allem aber müssen wir schnell sein – es gibt um diese Exportländer viel Wettbewerb.

Ein weiteres Problem ist die fehlende Wirtschaftlichkeit von grünem Wasserstoff – zumindest im Moment. Auch hier werden Lernkurven viel verändern, und die guten Wind- und Solarbedingungen in Ländern wie Chile, Marokko oder Namibia ermöglichen die wettbewerbsfähige Produktion von Wasserstoff trotz Effizienzverlusten. Und doch bleibt die Wirtschaftlichkeit dieser Exporte ein Faktor, der die Wettbewerbsfähigkeit der deutschen Industrie auf den Weltmärkten beeinträchtigen und das deutsche Geschäftsmodell gefährden kann.

Natürlich könnte jetzt wieder der Staat einspringen und die Nutzung von Wasserstoff subventionieren. Aber das ist nicht der richtige Weg, wie die schlechten Erfahrungen mit der EEG-Umlage gezeigt haben. Besonders mit Blick auf die Wirtschaftlichkeit. Ein wichtiger Marktanreiz hingegen wäre vermutlich ein rasch steigender CO_2-Preis.

Auch die Nutzung von blauem und türkisem Wasserstoff

könnte eine Lösung bieten, um die Ziele der Umweltverträglichkeit, Versorgungssicherheit und Wirtschaftlichkeit zu erreichen. Dies würde den Markthochlauf beschleunigen und mehr Treibhausgase einsparen als bei einer langsameren Kommerzialisierung, die ausschließlich auf grünem Wasserstoff basiert.

Die politischen Entscheidungsträger stehen also vor der Herausforderung, eine Balance zwischen den verschiedenen Zielen und Herausforderungen der Wasserstoffnutzung zu finden, um die Energiewende erfolgreich zu gestalten. Jules Verne nannte Wasserstoff übrigens die »Kohle der Zukunft«. Das ist nicht ganz zutreffend, vor allem mit Blick auf die nachhaltigen Qualitäten dieser Energie. Trotzdem bleibt festzuhalten: Wir leben nun in Zeiten, in denen die Science-Fiction vergangener Tage zur Wirklichkeit werden kann. Wenn wir unsere Chancen nutzen.

Kapitel 6

Des Pudels Kern

Oder: Wie wir mit dem Atomausstieg unsere Zukunft riskieren

Kilometerweit sichtbar ragt der Kühlturm des Kernkraftwerks Isar 2 in die niederbayrische Landschaft. Die Bewohner Essenbachs sind an den aufsteigenden Wasserdampf gewöhnt. Egal, ob sich der weiße Dampf am Morgen langsam gen Himmel schiebt oder ob er am Abend mit dem Horizont verschmilzt: Der weiße Riese gehört dazu. Wie die Felder ringsum, auf denen im Sommer gelb der Raps blüht.

Das Kernkraftwerk ist der größte und beliebteste Arbeitgeber im Ort. Vor allem wegen der Sicherheit. Denn – auch wenn es hier wie überall Befürworter und Gegner der Atomenergie gibt – in der überwiegend landwirtschaftlich geprägten Region sind die Menschen dankbar für die sicheren Arbeitsplätze und ein gutes Auskommen. Fragt man die Essenbacher nach einer Angst vor dem Supergau, antworten sie in bayrischer Gelassenheit: »*Mia san Weltmeister!*« Weltmeister also, und zwar in puncto Reaktorsicherheit. Zudem ist ihnen bewusst: Sie haben weder ein Erdbeben noch eine Überflutung zu befürchten. Auch diese Sicherheit zählt viel.

Trotzdem wussten die Menschen schon lange, dass die Zeit ihres Turms irgendwann vorbei sein würde. Denn bereits im Jahr 2002 hatte die Politik den Atomausstieg beschlossen. Und auch im Kernenergie-Dorf bestand keine Illusion darüber, dass die Energiewende in Deutschland vor allem eine Wind- und Solarwende sein wird. Jeder sah den Ausbau der Erneuerbaren voranschreiten. Auch in Essenbach selbst wurden immer mehr Dächer mit Solaranlagen bestückt, soweit die Dampfwolken aus dem Kühlturm ihnen die Sonne ließen.

Im November 2010 erfolgte schließlich ein politischer Richtungswechsel. Die damalige Bundesregierung veranlasste den »Ausstieg aus dem Atomausstieg«. Die deutschen Kernkraftwerke sollten teils noch über ein Jahrzehnt weiterlaufen. Im März 2011 wurden diese Pläne aber über Nacht von dem Reaktorunfall in Fukushima eingeholt. Als die Bilder aus Japan über die Bildschirme liefen, wusste man in Essenbach sofort: Das wird es wohl gewesen sein. Das Risiko einer Atomkatastrophe auch in Deutschland beherrschte die Schlagzeilen. Die Regierung Merkel schrieb binnen weniger Tage nun doch wieder den Atomausstieg ins Gesetz. Und die Kraftwerksbetreiber stellten sich darauf ein.

Damit war es des politischen Hin und Hers aber bekanntlich noch nicht ganz genug. Nach dem russischen Überfall auf die Ukraine und der folgenden Gasknappheit erging flugs eine neue Vorgabe der Regierung an die Kraftwerksbetreiber. Die Anweisung zu einer kurzen Laufzeitverlängerung. Der Streckbetrieb dauerte einige Monate. Mitte April 2023 beendete das Kernkraftwerk Isar 2 schließlich den Betrieb – und damit die Ära der Kernkraft zur Stromerzeugung in Deutschland.

Während die Arbeitsplätze dort noch für eine Weile gesichert sind, denn der Rückbau des Reaktors wird über ein Jahrzehnt dauern, steht Deutschland ganz unmittelbar vor großen energiepolitischen Herausforderungen. Diese gilt es nun ohne Atomkraft zu meistern. Und das bedeutet zunächst einmal: Kurzfristig wird unser Energiemix dreckiger. Noch 2021 stammten 13 Prozent der deutschen Stromerzeugung aus Atomenergie, bis 2010 waren es sogar rund ein Viertel. Durch die Abschaltung dreier weiterer Reaktoren fiel der Anteil auf rund sechs Prozent im Jahr 2022.

Mit Blick auf die deutschen Klimaschutzziele wäre es wünschenswert, die Atomstromlücke rein durch erneuerbare Energien zu schließen. Kurzfristig ist das angesichts langer Planungs- und Bauzeiten allerdings nicht möglich. Die Monate nach der Abschaltung der letzten Meiler haben gezeigt, wir greifen mehr auf fossile Reservekraftwerke zurück und wir importieren deutlich mehr Strom aus dem europäischen Ausland – insbesondere Atomstrom aus Frankreich und Kohlestrom aus Polen.

Mitte Dezember 2022 etwa gab es in Deutschland eine Dunkelflaute, die mit 19 Gigawatt zu einem historischen Hoch bei der Stromerzeugung aus Erdgas führte. Experten sagen: Mehr ging kaum noch. Nur dank der zu diesem Zeitpunkt noch laufenden Kernkraftwerke und dem Strom-Import aus Frankreich kam es nicht zum gefürchteten Blackout in Deutschland.

Darüber hinaus wäre unsere Stromversorgung nur mit

erneuerbaren Energien in absehbarer Zukunft nicht stabil. Die Sonne scheint nicht immer. Der Wind pustet mitunter nicht einmal auf Sylt. Das Aus der Kernenergie bewirkt also zumindest für die nächsten Jahre eine intensivere Nutzung fossiler Energieträger, die deutlich klimaschädlicher sind als Kernkraft. Der jahrelang rückläufige Kohleanteil im deutschen Strommix steigt seit 2021 wieder an. Insbesondere zu Beginn der Heizperiode 2022/2023 kamen für die Stromerzeugung verstärkt Kohlekraftwerke zum Einsatz, auch um knappes Gas zu sparen. Schließlich steht Gas infolge des russischen Angriffskriegs gegen die Ukraine nicht mehr in hohen Mengen günstig zur Verfügung.

Blicken wir etwas weiter in die Zukunft, ist ein Zustand der Energieabhängigkeit zu befürchten. Gerne wird behauptet, dass wir mit dem Ausbau Erneuerbarer autark werden können. Doch wie soll das klappen? Wir benötigen ja viel mehr Strom, wenn wir Öl, Gas und Benzin ersetzen wollen. Nach Abschaltung der Kernkraftwerke zeichnet sich ab, dass Deutschland in den nächsten Jahren vom Netto-Stromexporteur zum -importeur wird. Leider können wir uns nicht einmal darauf verlassen, deutschen Atomstrom ohne Weiteres durch solchen aus Frankreich zu ersetzen. Anders als die deutschen Atomkraftwerke, deren Kapazitätsnutzung im Schnitt bei rund 80 Prozent lag, haben die französischen Reaktoren seit Jahren Produktionsprobleme und liegen momentan bei unter 60 Prozent Auslastung. Die Ursache dafür liegt nicht nur in den Reaktoren. Auch ein wetterbedingt niedriger Wasserstand, die »Winterdürre«, in den Flüssen um die Kernkraftwerke macht eine Senkung der Leistung erforderlich. Denn aus diesen Flüssen beziehen die Kraftwerke das essenziell wichtige Kühlwasser. Die vom französischen Energiekonzern EDF in mehreren anderen europäischen Staaten betriebenen Kernkraftwerke sind ebenfalls von diesen Problemen betroffen. Zur Wahrheit gehört auch: Wir beschließen den Kernenergieausstieg – für unsere Energiewende sind wir aber auf französische Kernkraft angewiesen. Das ist nicht einmal Kirchturmpolitik; wenn Sie in Düsseldorf wohnen, befinden sich die drei nächstgelegenen Kernkraftwerke alle nicht in Deutschland.

Nur einige hundert Kilometer von Essenbach entfernt, an der Ostseeküste unweit von Danzig, herrscht im polnischen Dorf Choczewo seit letztem Jahr Aufbruchstimmung. Hier soll ab 2026 das erste polnische Atomkraftwerk gebaut werden. Momentan bezieht Polen Strom hauptsächlich aus Kohle. Die Flotte veralteter Kohlekraftwerke erbringt über 70 Prozent der Stromerzeugung und stößt dabei gewaltige Emissionsmengen aus. Polen ist einer der stärksten Luftverschmutzer Europas. Die Regierung hofft nun allerdings, durch den Einstieg in die Atomkraft zwei Fliegen mit einer Klappe zu schlagen: Erstens soll die als emissionsfrei geltende Kernkraft einen großen Beitrag zur Einhaltung der Klimaschutzvorgaben der EU leisten. Dafür sind auch Windparks und Solarkraftwerke geplant. Erneuerbare Energien alleine werden aber nach Ansicht der Regierung nicht genügen, um einen ausreichenden Grad an Dekarbonisierung zu erreichen. Zweitens gilt es, langfristig unabhängiger von Energieimporten vor allem aus Russland zu werden. Die Entscheidung zum Atomeinstieg wird deshalb quer durchs Parteienspektrum mitgetragen. Kein Wunder: Seitdem Russland die Ukraine überfiel, ist die Zustimmung zur Kernkraft in der Bevölkerung auf über 75 Prozent gestiegen.

In Choczewo regt sich nun vereinzelt Protest. Bisher rühmte man sich hier mit dem schönsten Strand des Landes. Vermieter von Ferienhäusern fürchten um ihre Einnahmen, dringen aber mit Warnungen vor einem Ende des Tourismus nicht durch. Denn in der Gegend ist ein Gefühl von Wichtigkeit eingezogen, das Gefühl, in den kommenden Jahrzehnten einen strategisch wichtigen Beitrag zur Energiesicherheit des Landes zu leisten. Viel konkreter aber hofft man auf Wohlstand, Arbeitsplätze und neue Infrastruktur durch den 20 Milliarden Euro teuren Bau, den der US-Konzern Westwinghouse bis 2033 abschließen will.

Und das alles nicht etwa deshalb, weil den Akteuren dort die unbestreitbaren Risiken der Kernkraft nicht bekannt wären. Das sind sie sehr wohl. Uranbeschaffung, Brennstäbe-Transport, Betriebssicherheit, Terrorgefahr, Endlager – all diese risikobehafteten Themen sind ja auch in Polen und anderen Ländern durchaus gegeben und präsent. Aber: Sie werden dort völlig anders beurteilt, als wir das in Deutschland tun.

Das hat zuerst und vor allem mit einem grundsätzlichen Verständnis des Phänomens Risiko zu tun. Während wir in Deutschland – jedenfalls in der öffentlichen Diskussion – häufig so tun, als sei ein risikofreier Zustand erreichbar, akzeptiert man anderswo die schlichte Wahrheit, dass Risiken im individuellen wie gesellschaftlichen Leben unvermeidbar sind. Fast immer besteht die Anforderung an unsere Vernunft nicht darin, bestimmte Risiken zu eliminieren. Stattdessen geht es darum, sie richtig einzuschätzen und in konkreten Handlungszusammenhängen einen angemessenen Umgang mit den jeweiligen Risiken zu finden.

Wir alle kennen das aus der Medizin. Fast jedes wirksame Medikament hat »Risiken und Nebenwirkungen«. Deshalb stellen wir aber – in der Regel – nicht die Behandlung ein. Stattdessen fragen wir uns, in welchem Verhältnis die erwartbaren Risiken zum voraussichtlichen Nutzen stehen. Mit anderen Worten: Wir wägen ab. Und zwar in dem Bewusstsein, dass es bei der Entscheidung nicht um die Alternative »gut oder schlecht« geht, sondern um die Wahl zwischen zwei Gütern. Im Falle der Medikamente – Gesundheit um den Preis eventueller Probleme durch Nebenwirkungen oder Freiheit vom Risiko der Nebenwirkungen um den Preis fortdauernder Beschwerden. Besonders im Falle schwerwiegender Risiken und schwerwiegender Erkrankungen wie etwa einer Krebstherapie stellt diese Güterabwägung Menschen immer wieder vor schwierige Entscheidungen. Und nicht selten ist keine der möglichen Lösungen restlos zufriedenstellend.

Dasselbe Prinzip sollte uns auch im Umgang mit der Kernenergie leiten. Zwar ist der Ausstieg beschlossene Sache und sollte derzeit auch nicht wieder rückgängig gemacht werden. Aber für die Zukunft sollten wir uns alle Optionen offenhalten. Und anstatt wie die Schlange auf das Kaninchen nur auf die Risiken zu schauen, wären wir gut beraten, zukunftsoffen an das Thema heranzugehen.

Denn ganz gleich, über welches Risikothema wir im Zusammenhang mit der Kernkraft sprechen: Keins davon muss für immer unlösbar bleiben. Wenn es bei der Uranbeschaffung in afrikanischen Bergwerken heute noch verbreitet zu Menschenrechtsverletzungen kommt, dann kann das in einigen Jahren durchaus anders sein. Wenn trotz des jahrzehntelangen sicheren Betriebs von Kernkraftwerken in Deutschland, wenn trotz unserer hohen Genehmigungs- und Überwachungsvorschriften die Bedenken in Bezug auf Störfälle bei zu vielen Menschen zu groß sind: Wer sagt uns denn, dass wir durch Forschung und Entwicklung nicht schon bald Methoden entwickeln könnten, um auch die verbliebenen Risiken drastisch zu minimieren? Und wenn wir das Thema Endlagerung in Deutschland bis heute nicht gelöst haben: Andere Staaten, wie zum Beispiel die Schweiz, zeigen uns ja, dass eine sichere Einlagerung durchaus technisch machbar ist. Man muss sie nur auch politisch wollen und den Mut haben, sie zu verantworten.

Anderswo in Europa hat man diesen Mut: Der französische Präsident Macron rief jüngst eine »Wiederbelebung der Atomkraft« aus und kündigte den Bau von mindestens 14 neuen Reaktoren bis 2050 an. Neben Polen und Frankreich haben in den letzten Jahren auch Großbritannien, die Niederlande und die Slowakei den Bau neuer Atomkraftwerke beschlossen. In Finnland treten selbst die Grünen für Atomenergie ein, und die Gesellschaft hat sich auf ein Endlager geeinigt. Auch zahlreiche andere Staaten verlängerten die Laufzeiten ihrer Meiler. Weitere dürften folgen.

Im Rest der Welt, wo man den deutschen Sonderweg mitunter mit Kopfschütteln quittiert, sieht es ähnlich aus. Selbst in Japan, wo die Abkehr von der Kernkraft nach Fukushima beschlossene Sache schien. Die Energiekrise sorgte dort kürzlich für eine scharfe Kehrtwende hin zum Ausstieg vom Atomausstieg. Die japanische Regierung hob dabei nicht nur die Laufzeitbegrenzung für bestehende Kraftwerke auf. Sie stieß sogar die Entwicklung einer neuen Generation von Reaktoren an. Insgesamt sind weltweit momentan über 100 neue Reaktoren geplant und 57 im Bau, 21 davon in China. Während die Brennstäbe in den deutschen Kraftwerken abklingen, ist Kernenergie global also alles andere als ein Auslaufmodell.

Dass es bei uns anders ist, ist ein politisches Faktum, das man hinnehmen muss. Aber nicht unbedingt begrüßen. Denn mit dem Aus für die sichersten AKWs der Welt versiegt ja nicht nur der Atomstrom aus den Kraftwerken. Es versiegt auch eine Quelle für Forschung und Entwicklung auf diesem Gebiet.

Noch sind wir in diesem Bereich Weltspitze. Und sicher wäre es begrüßenswert, dass unser Land in Sachen Kernkraft auch weiterhin offen für Spitzenforschung und zukunftsfähige Ideen bleibt. Immerhin wollen wir den überwiegenden Teil unserer Primärenergie, der heute fossil in Wärme und Verkehr geht, zusätzlich elektrifizieren. Natürlich kann derzeit niemand genau sagen, ob möglicherweise kleine modulare Reaktoren, Druckwasserreaktoren der nächsten Generation oder *Dual Fluid Reactors* eine gute technische Lösung für die Zukunft sind. Noch ist auch nicht abzusehen, welchen Beitrag die Kernfusion leisten kann und wie lange es bis dahin dauert.

Nur: Wer Technologien von vornherein ausschließt, verspielt unter Umständen die Zukunft. Bereits jetzt laufen Weiterentwicklungen beim Fracking oder der CO_2-Speicherung ohne uns ab. Ich befürchte, dass das Ende der Kernkraft von heute die Forschung an den Energiequellen von morgen gefährdet. Wer nach dem Aus der Kernkraft Entwarnung ausruft, weil heimische Steckdosen noch keine Anzeichen von Blackout erkennen lassen, verkennt: Die Überbrückung der Atomstromlücke ist unser geringstes Problem, solange wir uns nicht zu schade sind, französischen Atomstrom zu importieren oder einige Schippen emissionsintensiver Kohle nachzulegen. Langfristig viel problematischer ist, dass wir Gefahr laufen, den Forschergeist und das Knowhow zu verlieren, die Hochtechnologien wie die Kernkraft erst ermöglicht haben.

Denn mit dem Ende der Atomkraft stellen wir de facto die Forschung an der Technologie ein. Deutschland wird zwar weiterhin an verschiedenen Forschungsinitiativen, unter anderem dem Versuchs-Kernfusionsreaktor ITER in der Schweiz, beteiligt sein. Ein weiterer Rückgang der deutschen Beteiligung ist dabei allerdings abzusehen, da es in einer technischen Disziplin die Interaktion mit der Industrie und Erfahrung in der Anwendung braucht. Wenn die Industrie nicht mehr da ist, ist auch die Anwendung nicht mehr gegeben. Das droht auch der Kernforschung in diesem Land.

Meine Sorge ist nicht aus der Luft gegriffen. Die Absolventenzahlen in diesem Bereich sind an den Universitäten rückläufig, die Zahl deutscher Nuklearexpertinnen und

-experten sinkt. Schon seit Jahren kürzen Bundesländer die Mittel für Kernforschung, für Forschungsvorhaben und auch für Professuren. Der Bund tat das bislang nicht. Kürzlich wurde allerdings bekannt, dass die Regierung plant, Atomkraft zukünftig aus dem Energieforschungsprogramm als dem Projekt für zentrale Forschungsvorhaben der Bundesregierung zu streichen. Mit solcher Politik werden auf absehbare Zeit weitere Forschungsstandorte verschwinden. Und wenn Kernkraft in Deutschland keine Zukunft hat, ist es für die besten Forscher Zeit, sich zu fragen, ob sie bleiben oder doch lieber einen Französischkurs belegen und ihre Karriere im Ausland fortsetzen. Dort, wo man ihre Expertise zu schätzen weiß, wo sie etwas bewirken können und wo die Rahmenbedingungen stimmen. All das wäre ein empfindlicher Verlust für Deutschland.

Um den so weit wie möglich zu begrenzen, muss Deutschland mehr denn je sicherstellen, dass die Rahmenbedingungen für Forschung und Entwicklung attraktiv bleiben. In Bezug auf die industrielle Forschung sollten wir vor allem auf intelligente Fördermechanismen statt auf Verbote setzen. Dann wird die Ökonomie die ihr innewohnende Innovations- und Schaffenskraft wirkungsvoll entfalten können.

Der Weg, den die Forschung dabei nimmt, verläuft selten gradlinig. Oft dauert es, bis das Potenzial von Technologien voll nutzbar ist – oder ein Projekt sich als Sackgasse erweist. Innovationen lassen sich nicht planen. Aber wenn die Rahmenbedingungen stimmen, entstehen sie. Und zu den Rahmenbedingungen gehört Technologieoffenheit. Forschung unter diesen Vorzeichen kann eines Tages möglicherweise auch die zweifelsfrei bestehenden Risiken der Kernkraft überwinden – und die Herausforderungen meistern, die mit ihrer Nutzung einhergehen: namentlich das Unfallrisiko, die Endlagerung und aus Sicht der Industrie die in Deutschland fehlende Planbarkeit. Angesichts der politischen Vorgaben ist auch die Rentabilität des Betriebs eines Kernkraftwerks für die Energieerzeuger nicht einfach gegeben.

Kritik, die an diesen Punkten ansetzt, hat selbstverständlich ihre Berechtigung. Sie sollte uns aber nicht den Blick auf die Fakten verstellen. Atomenergie ist statistisch gesehen deutlich sicherer als andere Energieträger. Deutschland liegt nicht in einem Risikogebiet und hatte vor Abschaltung die sichersten Kraftwerke der Welt – *»Mia warn Weltmeister«*. Und auch die Beurteilung der Rentabilität von Kraftwerken sollte mit Blick auf die politische Großlage erfolgen – zumindest sind Vergleiche mit direkt oder indirekt subventionierter Energieerzeugung problematisch.

Bei all diesen Fragen können wir vielleicht auf die Kernfusionsforschung hoffen – auch und gerade, was die problematische Endlagerung betrifft. Jüngste Entwicklungen jedenfalls verlaufen vielversprechend. Im Dezember 2022 haben Forscher am Lawrence Livermore National Laboratory bei San Francisco einen Quantensprung in der Fusionsforschung hingelegt. Erstmals wurde bei der durch Laser in Gang gesetzten Fusion mehr Energie erzeugt als für die Zündung notwendig. Und die bei aktuellen Forschungsreaktoren verwendeten Materialien sind zugleich deutlich weniger radioaktiv und bedürfen laut dem Max-Planck-Institut keiner Endlagerung. Kernfusionskraftwerke wären also sogar noch einmal sicherer als unsere Kernkraftwerke – die schon so sicher sind, wie ein Kernkraftwerk weltweit nur sein kann. Natürlich benötigen wir bis zur Anwendungsreife der Kernfusion weiterhin einen langen Atem. Es ist noch ein weiter Weg, bis diese Prozesse zuverlässig funktionieren und bis sie dann schnell reproduzierbar und wirtschaftlich sein werden.

Es ist deshalb gut, dass es zum oben beschriebenen Rückzug Deutschlands aus der Kernforschung zumindest in puncto Kernfusion ein gewisses Gegengewicht gibt. Denn immerhin hat das Bundesministerium für Bildung und Forschung 2023 ein Positionspapier zum Thema Fusionsforschung veröffentlicht, das zugleich Grundlage für ein Förderprogramm ist. Erklärtes Ziel ist es dabei, Wissenschaft und Industrie zusammenzubringen. Dazu sollen in den nächsten fünf Jahren über eine Milliarde Euro investiert werden.

Denn Tatsache ist ja: Wenn Forschung und Technologieoffenheit zusammenspielen, können wir eine große Menge spannender Ergebnisse erwarten. Bis das gelingt, haben wir in Sachen Mentalität und Schwerpunktsetzung noch einen Wandel zu schaffen. Symptomatisch dafür ist zum Beispiel, dass es die bahnbrechende Nachricht zur Kernfusion aus dem amerikanischen Forschungslabor am Tag der Veröffentlichung bei uns nicht mal in die Tagesschau schaffte. Dort wurde von Subventionen der Regierung für den Kauf von Holzpellets berichtet. Andere Nachrichtensendungen weltweit überschlugen sich zur gleichen Zeit vor lauter begeisterter Berichterstattung über den wichtigen Forschungserfolg.

Die Internationale Energieagentur schätzt unterdessen, dass mehr als die Hälfte der weltweit erforderlichen Emissionsreduktion durch Techniken und Maßnahmen erreicht werden wird, die heute noch unbekannt sind – die sogenannten *Unknown Unknowns.* Viele Lösungen der Zukunft wollen also erst noch entdeckt werden. Es ist deshalb besonders wichtig, dass wir technologieoffen forschen und entwickeln. Tun wir das nicht, werden wir in einigen Jahren Produkte von denjenigen importieren, die neuen Ideen mit offenerem Blick gegenüberstanden. Forschen wir hingegen selbst breit gefächert und ohne uns verfrüht auf die Nutzung dieser oder jener Technologie zu beschränken, können wir bei technologischen Entdeckungen und Durchbrüchen weiterhin ganz vorne mit dabei sein.

Deshalb ist klar: Wir sollten mehr Innovation, mehr Zeitenwende wagen. Wenn wir Forschung technologieoffen fördern und der Fortschritt von einem offenen gesellschaftlichen Diskurs getragen wird, dann wird trotz aller Herausforderungen auch die Energiewende gelingen – von den Windparks im norddeutschen Wattenmeer bis ins ländliche Niederbayern.

Dort, in Essenbach, überlegt man übrigens gerade, den Atomeinsteigern in Choczewo eine Ortspartnerschaft anzutragen. Es gibt einiges, was die beiden Dörfer im Schatten der Kraftwerke verbindet. Man ist gespannt auf die Gemeinsamkeiten, aber auch auf die Unterschiede zu den polnischen Nachbarn. Die Alteingesessenen werden viele Geschichten über ihren weißen Riesen zu erzählen haben. Und vielleicht werden sie der Delegation aus Polen gar zeigen können, dass die Zeit zwar über den Reaktor, nicht aber über ihre Gemeinde hinweggegangen ist.

Denn nach aktueller Planung wird die Höchstspannungsleitung Südostlink, die Bayern mit Windstrom aus Norddeutschland versorgen soll, nach über 500 Kilometern in Essenbach enden. Genau auf dem Areal von Isar 2. Auch wenn die charakteristische Dampfwolke über dem Kühlturm fehlen wird, Energiewende hin oder her. Es sieht so aus, als ob die Essenbacher auch weiterhin stolz darauf sein können, ein Pulsgeber klimaneutraler Energie zu sein.

Kapitel 7

Versorgungssicherheit in der Tiefe erkunden

Oder: Fracking als unterschätzte Brückentechnologie

Das Geld oder das Klima. Die meisten Fragen, die man mir in Diskussionen oder Interviews in der Vergangenheit dazu stellte, drehten sich entweder um das eine oder das andere. Als selbstverständlich wurde vorausgesetzt, dass die Versorgung stattfindet, die Heizung im Winter also tatsächlich warm wird. Die Frage nach der Versorgungssicherheit war seit Jahrzehnten eine diskursive Randnotiz.

Das hat sich geändert. Mit dem Ukraine-Krieg wurde Europa 2022 schmerzlich bewusst, wie abhängig unsere Energieversorgung von russischem Gas war. Bis in den Winter hinein berichteten die deutschen Leitmedien täglich über den aktuellen Füllstand der Gasspeicher, und so manche ältere Person fühlte sich an dunkle Zeiten erinnert. In dieser Debatte ist nun eine Technologie in den Fokus gerückt, die anderswo kräftig zur Energiesicherheit beiträgt, in Deutschland in den letzten Jahren aber immer stärker ins Abseits gedrängt wurde – das Fracking.

Fracking ist ein Verfahren, das die Gewinnung von Erdgas auch aus undurchlässigem Gestein ermöglicht. In Abgrenzung zu »konventionellem« Gas, das in unterirdischen

Lagerstätten frei verfügbar ist, wird dieses Gas auch »unkonventionelles« Erdgas genannt. Deutschland hat seit 50 Jahren Erfahrung mit dem sogenannten vertikalen Fracking, bei dem konventionelles Erdgas gefördert wird. Hier wird direkt, also senkrecht, in die Erde gebohrt. Das Fracking erfolgt dann entlang dieser vertikalen Bohrung, wobei das Gestein in alle Richtungen um das Bohrloch herum aufgebrochen wird. Bei über 300 Bohrungen ist es dabei zu keinem einzigen Störfall gekommen.

Womit wir noch keine Erfahrung haben, ist das horizontale Fracking über größere Entfernung: In Deutschland müsste man dafür zwischen 1.000 und 5.000 Meter tief bohren. Wird durch die vertikale Bohrung die Gesteinsschicht erreicht, in der das Erdgas gebunden ist, geht es horizontal weiter. Diese Querbohrung kann eine Länge von mehreren Kilometern erreichen. Schließlich wird Frackflüssigkeit unter hohem Druck von bis zu 1.000 bar in die Bohrung gepresst. Das Fluid besteht aus einem Gemisch von etwa 95 Prozent Wasser, etwa vier Prozent Stützmitteln wie Sand oder Keramikkügelchen sowie etwa einem Prozent an verschiedenen Chemikalien. Der hohe Flüssigkeitsdruck sprengt das Gestein und macht es durchlässig für Gas. Die Festkörper und Chemikalien halten die entstandenen Risse offen, damit das freigesetzte Erdgas fließen kann und an die Oberfläche strömt. Wie könnte man sich den komplexen Prozess besser vorstellen?

Kaffeeliebhaber werden sie noch kennen – die French Press. Sie besteht aus einer Glaskanne und einem Deckel, der mit einem Metallfilter verbunden ist. In ihrer Anwendung ist sie recht simpel: Grob gemahlener Kaffee wird in die Kanne gegeben, dann wird heißes Wasser hinzugefügt. Nach einer Brühzeit von ein paar Minuten wird der Filter langsam nach unten gedrückt, um so den Kaffeesatz vom fertigen Heißgetränk zu trennen. Im Gegensatz zu den meisten Vollautomaten extrahiert die French Press das gesamte Öl aus den Bohnen, wodurch ein vollmundiger und aromatischer Geschmack entsteht.

Stellen Sie sich nun vor, der Kaffeesatz am Boden Ihrer French Press repräsentiert die dichten Gesteinsschichten, die natürliches Gas oder Öl enthalten. Das heiße Wasser, das Sie hinzufügen, entspricht dem Fracking-Fluid, das unter hohem Druck eingeleitet wird. Wenn Sie den Stempel der French Press nach unten drücken – das entspricht etwa der Hydraulik –, wird das Wasser durch den Kaffeesatz gepresst. Dadurch steigt der Kaffee, sinnbildlich das Gas, nach oben.

In Deutschland gibt es mehrere Lagerstätten für unkonventionelles Gas. Hauptsächlich in Niedersachsen, aber auch im Oberrheingraben in Süddeutschland, in Nordrhein-Westfalen und bei Rügen. Das genaue Volumen ist schwer abzuschätzen. Das Bundesamt für Geowissenschaften geht davon aus, dass in Deutschland zwischen 700 Milliarden und 2,3 Billionen Kubikmeter Schiefergas gefördert werden könnten. Die große Spannbreite verdeutlicht die großen Wissenslücken, die zu diesen Gesteinsformationen bestehen. Bei aller Unschärfe in der Datenlage ist jedoch klar: Die unkonventionellen Vorkommen übersteigen die hierzulande nur noch rund 100 Milliarden Kubikmeter an konventionell förderbarem Erdgas bei Weitem.

Weltweit gibt es rund 45 Staaten mit nachgewiesenen unkonventionellen Gasvorkommen. Die Reserven werden auf insgesamt gut 200 Billionen Kubikmeter geschätzt. Das wäre genug, um den weltweiten aktuellen Gasverbrauch für 50 Jahre zu decken. Angesichts schwieriger Extraktionsbedingungen oder niedriger Rohstoffqualität ist Fracking allerdings nicht überall ökonomisch sinnvoll. Im größeren Maßstab produzieren bislang nur vier Länder Gas mittels horizontalen Frackings: die Vereinigten Staaten, Kanada, China und Argentinien. Einige Staaten, darunter Kolumbien und Mexiko, befinden sich qua Probebohrungen in der Erkundungsphase. Russland hat trotz großer konventionell förderbarer Gasvorkommen in den letzten Jahren einige Bohrungen im Schiefergas-Fracking angestoßen. Insgesamt haben unkonventionelle Lagerstätten derzeit einen beachtlichen Anteil von etwa 25 Prozent an der weltweiten Erdgasproduktion.

Die Vereinigten Staaten sind der mit Abstand größte Nutzer der Fracking-Technologie. Seit Beginn der 2000er-Jahre wurden dort die Fördervolumina deutlich ausgeweitet, in der Folge stiegen die USA zu einem der größten Öl- und Gasproduzenten auf. Dadurch haben sie sich nicht nur von Energieimporten aus dem Nahen Osten vollkommen unabhängig gemacht, sondern sind sogar zu einem Exporteur von Öl und Gas geworden. Gas aus horizontalem Fracking macht heute etwa 70 Prozent der gesamten US-Gasproduktion aus.

Fracking hat anderen Staaten also dabei geholfen, ihre Versorgungssicherheit zu stärken und Energie bezahlbar zu halten. Die Frage ist nun: Könnte das auch ein Modell für

Deutschland sein? Stand 2022 verbrauchen wir hierzulande etwa 90 Milliarden Kubikmeter Erdgas pro Jahr. Zieht man den Mittelwert der Schätzungen heran, könnten wir mit den deutschen Schiefergasvorkommen über zehn Jahre lang unseren gesamten Gasbedarf decken oder auf vier Jahrzehnte hinaus immerhin 25 Prozent davon.

In den letzten Jahren wurden die Perspektiven für Gas allerdings zunehmend schlechtgeredet. Mit wachsender Bedeutung der Klimaneutralität nahm das Renommee von fossilem Erdgas ab. Der Lieferstopp von russischem Gas beschleunigte die Diskussion, neben der Kohle auch Gas als Energieträger so schnell wie möglich zu ersetzen. Dabei sollten wir uns nichts vormachen: Wir werden noch lange auf Gas als Brückentechnologie angewiesen sein. Gerade bei »Dunkelflaute«, wenn der Wind nicht weht und die Sonne nicht scheint, brauchen wir die flexiblen Gaskraftwerke. Das gilt nach der Abschaltung der grundlastfähigen deutschen Kernkraftwerke umso mehr. Die einzige Alternative zur Nutzung von Gaskraftwerken wäre der Rückgriff auf die viel umweltschädlichere Kohlekraft – keine empfehlenswerte Option. Auch in der Industrie stellt Gas bei vielen Produktionsprozessen, ob bei der Herstellung von Dünger oder in der Abgasreinigung, einen in näherer Zukunft unverzichtbaren Primärrohstoff dar.

Außerdem lassen sich Elektronen nur sehr begrenzt speichern. Zur Versorgungssicherheit und für saisonale Speicher benötigen wir Moleküle – hierbei ausschließlich auf grünen Wasserstoff setzen zu wollen, ist naiv (siehe Kapitel 5 dieses Buches) und hilft allenfalls in vielen Jahren.

Angesichts dessen ist unsere derzeitige Haltung zu Fracking-Gas scheinheilig. Wir importieren im großen Stil Gas, das im Ausland gefrackt wurde. Dort herrschen deutlich weniger strenge Umweltvorschriften als in Deutschland, was zu einer höheren Umweltbelastung bei der Produktion führen dürfte. Beispielsweise gibt es bestimmte Prozesse, bei denen sich das Abfackeln von Erdgas nicht vermeiden lässt, etwa wenn nach Wartungsarbeiten die Bohrung freigefördert wird. Gas, das noch an der Produktionsstätte verbrannt wird, muss in Deutschland durch Reinigungsaggregate geleitet werden, um den Anforderungen der Immissionsvorschriften zu genügen. Im Ausland bestehen solche Regelungen für das sogenannte *Flaring* nicht. Hier wird das Gas ungefiltert abgefackelt und setzt neben CO_2 noch andere Stoffe wie Methan, Schwefeldioxid und Ruß frei.

Nach einer Studie des Bundesministeriums für wirtschaftliche Zusammenarbeit und Entwicklung sorgt Flaring allein für die vermeidbare Freisetzung mehrerer Millionen Tonnen CO_2 pro Jahr. Der Aspekt potenzieller Umweltschäden ist im Übrigen besonders brisant bei Gas, das aus autokratischen Staaten stammt. Dort gibt es nämlich keine Transparenz zu Umweltauswirkungen, keine unabhängigen staatlichen Institutionen zur Durchsetzung von Regulierungen und keine kritische mediale Berichterstattung, die auf problematische Förderungspraktiken und Arbeitsbedingungen aufmerksam macht.

»Fracking-Gas gerne, aber bloß nicht aus meiner Region« – die derzeitige deutsche Haltung ist noch in einer zweiten Hinsicht wenig nachhaltig: Zum Ausgleich des fehlenden

Pipeline-Gases aus Russland importiert Deutschland seit 2022 hohe Mengen an verflüssigtem LNG-Erdgas aus den USA und Katar. Für dessen Verschiffung ist es zunächst erforderlich, das Erdgas zwecks Volumenreduktion zu verflüssigen. Durch das Herunterkühlen unter die Siedetemperatur von –161 Grad Celsius wird es, verglichen mit der gleichen Menge im gasförmigen Zustand, um das etwa 600-Fache komprimiert. Dieser Prozess ist energieintensiv und verbraucht etwa 20 Prozent des Gesamtenergiegehalts des Gases. Die entstehende Kompressionswärme lässt sich nicht in nennenswertem Umfang zurückgewinnen. Bei der Förderung in Deutschland ließe sich dieser Energieaufwand für die Verflüssigung einsparen, unsere heimischen Vorkommen hätten also eine weitaus bessere Umweltbilanz als das importierte Gas. Es ist geradezu paradox, Fracking unter Verweis auf Risiken und Probleme im Ausland in Deutschland zu verbieten – und es dann aus dem Ausland zu importieren.

Auch das Argument, billiges Erdgas würde die Energiewende ausbremsen, greift zu kurz. Der Ausbau der Erneuerbaren ist genauso gesetzlich festgeschrieben wie andere Instrumente zum Klimaschutz, darunter der Emissionshandel. Die Wirksamkeit dieser Maßnahmen hängt nicht von einem hohen Gaspreis ab. Außerdem setzt dieser nur in einem verträglichen Maß Anreize für Einsparungen. Wird die Preisschraube überdreht, droht der energieintensiven Grundstoffindustrie der Verlust an internationaler Wettbewerbsfähigkeit, und ihre Produkte, die zu Weltmarktpreisen gehandelt werden, würden außerhalb Deutschlands hergestellt. Das heißt, die Produktionskapazitäten energieintensiver Produkte werden oft von ausländischen Wettbewerbern übernommen. Damit geht Deutschland nicht nur Wohlstand verloren. Auch der Umwelt ist nicht geholfen. Denn in vielen der Staaten, die nur zu gerne Industrieproduktion bei sich aufbauen würden, bestehen wenige Anreize zum Energiesparen und geringere Umweltschutzanforderungen. Wer die energieeffiziente und umweltbewusste deutsche Industrie wirtschaftlich stranguliert, um Energieeinsparungen ohne Rücksicht auf wirtschaftliche Tragfähigkeit voranzutreiben, verliert am Ende beides: eine leistungsfähige heimische Industrie – sowie eine Produktion, die unter hohen Umweltschutzstandards stattfindet. Und dann kaufen wir umweltschädlichere Produkte aus dem Ausland und importieren damit quasi CO_2-Emissionen.

Der Ersatz russischen Gases durch Importe von Flüssiggas aus anderen Staaten trägt zudem nicht per se zu unserer Versorgungssicherheit bei. Große, langjährige Lieferverträge hat Deutschland im letzten Jahr mit Katar und den Vereinigten Staaten abgeschlossen. Katar führt zwar keinen Angriffskrieg gegen einen Nachbarstaat, ist Deutschland aber in Bezug auf politische und gesellschaftliche Werte nicht sonderlich nah. Im Fall einer ernsteren weltpolitischen Krise ist zumindest fraglich, ob das wirtschaftlich immer enger mit China verbundene Land sich den Lieferungen nach Deutschland unbedingt weiterhin verpflichtet sähe. Wer das für weit hergeholt hält, ignoriert die energiepolitische Lehre aus dem Ukraine-Krieg. Denn: Auch Russland hat über viele Jahrzehnte zuverlässig geliefert – bis zum Frühjahr 2022.

Vorsicht in Form einer resilienten Energieversorgung ist

in einer geopolitischen Lage voller Risikofaktoren besser als Nachsicht. Wir sollten unsere Lektion aus dem Stopp russischer Gaslieferungen lernen. Das bedeutet nicht nur eine stärkere Diversifizierung unserer Energiebezugsquellen mit bevorzugtem Einkauf bei Staaten wie den USA, mit denen Deutschland nicht nur wirtschaftlich, sondern auch politisch eng verbunden ist. Genauso liegt es im Sinne der Energiesicherheit und auch der Resilienz unserer Wirtschaft nahe, den Aspekt eigener Energieförderung höher als bislang zu gewichten – beispielsweise durch Fracking.

Der deutsche Diskurs dazu ist wenig von wissenschaftlichen Fakten, dafür umso mehr von Ängsten geprägt. Ein Hauptkritikpunkt an unkonventionellem Fracking betrifft die Sorgen vor Verunreinigungen des Trinkwassers durch die verwendeten Chemikalien. Mit Blick auf die Vereinigten Staaten mag das nachvollziehbar sein. Dort ist der Einsatz von Chemikalien beim Fracking nur schwach reguliert. Die Betreiber der Förderstätten sind nicht einmal verpflichtet, konkret über die verwendeten Stoffe Auskunft zu geben. Mutmaßlich kommen aber Salzsäure, Benzol und andere potenziell gefährliche Substanzen zum Einsatz.

Einige davon stehen im Verdacht, krebserregend zu sein, das Erbgut zu verändern oder die Fruchtbarkeit zu beeinträchtigen. Fracking-Gegner verweisen zudem auf eine erhöhte Salzkonzentration in grundwasserführenden Schichten in einer Schiefergas-Förderregion in den USA. Die gemessenen Werte lagen allerdings unter den Grenzwerten der dortigen Umweltschutzbehörde und wurden als unbedenklich eingestuft. Auch hieraus lässt sich keine Gefahr für Fracking in Deutschland ableiten: Die Bohrungen wurden in den USA teils nur 600 Meter unter der Erde durchgeführt. Dabei sind die Umweltrisiken ungleich größer als bei Bohrungen, die in größerer Tiefe erfolgen – was bei uns der Fall wäre.

In Deutschland ist zudem die Vorschriftenlage weit strikter als in den Vereinigten Staaten. Bei Fracking-Projekten dürfen nur Flüssigkeitsgemische zum Einsatz kommen, die nicht oder maximal schwach wassergefährdend sind. Hinzu kommen strenge Umweltschutzbestimmungen für Bohrprojekte, insbesondere solche, die Grundwasser betreffen könnten. Grundwasser liegt in Deutschland in Tiefen von etwa 50 bis 200 Metern. Somit führt der vertikale Zugang zu den weit tiefer erfolgenden, horizontalen Fracking-Bohrungen durch die grundwasserführenden Schichten. Wo immer diese betroffen sind, kommen besondere Vorsichtsmaßnahmen zur Anwendung. Folglich ist bei jeder Bohrung ein anspruchsvolles Schutzprotokoll einzuhalten. Das gilt in Deutschland übrigens bei jeder Tiefenbohrung – egal, ob es um die Rohstoffförderung oder andere Zwecke geht. An der Oberfläche müssen dafür mehrere Schichten undurchlässiger Barrieregesteine über der Bohrstelle vorhanden sein. Unterirdisch ist die Errichtung eines Systems von Stahlrohren vorgeschrieben, die teleskopartig ineinandergesteckt und aneinander zementiert sind. Dieses muss nicht nur durch die trinkwasserführenden Gesteinsschichten reichen, sondern kilometerweit in die Tiefe bis zur Lagerstätte. Solche Maßnahmen reduzieren das Risiko von Leckagen erheblich. Auch hierzu existieren in den USA keine vergleichbaren Vorschriften.

Eine weitere Sorge bezieht sich auf die Erdbeben, die sich in Fracking-Gebieten in den Vereinigten Staaten, Großbritannien und auch in den Niederlanden ereignet haben. Zumindest in den USA ist diese sogenannte induzierte Seismizität jedoch wahrscheinlich nicht auf Fracking, sondern auf das Verpressen des Lagerstättenwassers in den Untergrund zurückzuführen – eine Technik, die in Deutschland ohnehin nicht in vergleichbarem Maße erlaubt wäre. Und ganz nüchtern betrachtet: Selbst die stärksten Beben, die mit Fracking in Zusammenhang gebracht werden, erreichten »nur« Stärke drei auf der Richterskala. Solche Beben sind teilweise vom Menschen spürbar. Sie haben aber keine Schäden verursacht und werden von Erdbebenforschern als »extrem leicht« eingeordnet. Im Übrigen treten natürliche seismische Ereignisse dieser Intensität weltweit etwa 1.500 Mal am Tag auf.

In Deutschland ist das Risiko für Erdbeben aus unkonventionellem Fracking gering. Es ist sogar noch überschaubarer als bei der jahrzehntelang komplikationslos betriebenen konventionellen Erdgasförderung oder im Bergbau. Denn bei der konventionellen Gasförderung oder dem Abbau von Rohstoffen wie Kohle entstehen Hohlräume, die einstürzen und dadurch Erdrutsche oder gar Erdbeben auslösen können. Fracking hingegen sorgt nur für kleine Risse im Gestein, von denen im seismisch vergleichsweise ruhigen Deutschland kaum Erdbebengefahr ausgehen dürfte.

Es wird klar, dass unsere Diskussion um Fracking nicht nur vor dem Hintergrund unserer Umweltschutzstandards und der hiesigen geologischen Gegebenheiten geführt werden sollte. Sie muss sich auch am aktuellen Stand der Forschung orientieren, anstatt auf technologisch überholte Annahmen zu setzen. Hier ist es höchste Zeit für eine Neubewertung.

Die ersten größeren Studien über die Umweltauswirkungen von unkonventionellem Fracking in Deutschland sind schon über zehn Jahre alt. Seitdem ist es gelungen, Problemfelder in allen Phasen des Fracking-Prozesses durch innovative Lösungen zu entschärfen. Mittlerweile gibt es Frackflüssigkeiten, die als nicht umweltgefährdend eingestuft werden. Die Chemikalien, deren Einsatz heute empfohlen wird, sind Stoffe wie beispielsweise modifizierte Stärke oder Guarkernmehl. Das sind Produkte, die selbst die Lebensmittelproduktion bedenkenlos verwendet.

Zudem ist der Flächenverbrauch von Förderstätten an der Oberfläche stark gesunken, weil die unterirdischen Horizontalbohrungen inzwischen über viele Kilometer hinweg geführt werden können. Moderne Clusterbohrplätze mit der Förderkapazität von einer Milliarde Kubikmeter Gas pro Jahr nehmen eine Fläche von gerade einmal vier Fußballfeldern ein. Horrorszenarien, die eine weitläufig verschandelte Landschaft durch zehntausende Bohrlöcher ausmalen, sind falsch.

Doch damit nicht genug: Auch die technischen Möglichkeiten zur Überwachung von Fracking-Vorhaben haben einen großen qualitativen Sprung gemacht. Mittels 3D-Seismik kann eine Region heute bereits vor Projektbeginn strukturell im Detail erkundet werden. Das erlaubt den zuverlässigen Ausschluss von Gebieten, die aus Umweltschutzgründen nicht für Bohrungen in Frage kommen, beispielsweise wenn dort geologische Störungszonen existieren. Zudem stehen hochsensible Messgeräte zur Verfügung, mit denen vor und während des Frackings relevante Umweltparameter, von Emissionsniveaus über den Stand der Wasserqualität bis hin zur Seismizität, genaustens überwacht werden können. Dadurch lassen sich Risikofaktoren frühzeitig erkennen und umgehen.

Selbst für eine Anschlussnutzung nach der Gasgewinnung gibt es clevere Konzepte: Eine Fracking-Bohrung hat eine aktive Phase von etwa drei bis sieben Jahren, danach ist die Quelle erschöpft. Im Sinne umweltfreundlicher Energiegewinnung liegt es nahe, die Bohrungen nach dem Ende der Förderung nicht einfach brachliegen zu lassen. Die Lagerung von Wasserstoff oder die Verpressung von CO_2 ist in Schiefergestein allerdings nicht möglich. Beide Stoffe müssen in einem Umfeld gelagert werden, in dem sie nicht aus dem Untergrund entweichen können. Das ist bei Schiefer – anders als bei Sandstein oder in Salzstöcken – nicht gegeben. Eine Anschlussverwendung als Speicher scheidet also aus. Da sich die Temperatur in der Tiefe deutlich erhöht, bietet sich allerdings die Nutzung von Erdwärme an. Die stünde sogar langfristig zur Verfügung. Berechnungen zufolge könnten die stillgelegten Bohrlöcher noch 20 bis 30 Jahre lang Energie für die Beheizung von Gebäuden oder auch für die Stromerzeugung liefern. Die klimaschonende und umweltfreundliche Geothermie gibt es also quasi als Beifang.

Von Grundwasserüberwachung über ein öffentliches Kataster für Fracking-Chemikalien hin zu Vorschriften zur umweltgerechten Behandlung und Entsorgung von Rückständen oder die Gewinnung genauer Daten zur Energie- und Klimabilanz von gefracktem Gas – die Politik verfügt über ein breites Instrumentarium, um den Umweltschutz beim Fracking sicherzustellen. Vor diesem Hintergrund kam 2021 selbst eine Expertenkommission der Bundesregierung, die mit lauter Umweltschützern besetzt war, zu dem Schluss, dass die Risiken des Frackings in Deutschland beherrschbar sind.

Und auch, was Fachkräfte betrifft, ist Deutschland eigentlich gut aufgestellt. In der beschaulichen Stadt Celle, am Rande der Lüneburger Heide in Niedersachsen, gibt es die einzige Bohrmeisterschule weltweit. Hier werden die notwendigen Experten ausgebildet, die leider häufig den besser bezahlten Arbeitsplatz in den USA antreten.

Im Handumdrehen lässt sich Gas natürlich nicht fördern. Der technische Aufbau der Förder-Infrastruktur ist zwar innerhalb von weniger als einem Jahr möglich. Und von Bohrbeginn bis zur Förderreife dauert es dann nur noch rund sechs Monate. Doch selbst bei schnellem Vorgehen vergehen insgesamt durchaus einige Jahre, bis Gas tatsächlich aus dem Boden kommt. Vorerkundung, Probebohrungen, Genehmigungsverfahren, Umweltverträglichkeitsprüfung, Bürgerbeteiligung – das alles dauert. Beim Bau der LNG-Terminals hat Deutschland aber gezeigt, dass Bauprojekte um ein Vielfaches beschleunigt werden können, wenn sie im überragenden öffentlichen Interesse sind. In Großbritannien ist das in Bezug auf Fracking der Fall. Dort priorisiert die Regierung Energiesicherheit vor dem Hintergrund des Ukraine-Krieges und hat ein Fracking-Moratorium 2022 aufgehoben.

Für uns in Deutschland wird es zumindest Zeit, sich mit den Fakten zu befassen, statt eine vermeintlich neue Technologie, die gar nicht neu ist, ohne Berücksichtigung der Datenlage zu verteufeln. Denn wenn es derzeit um industrielle Innovationen geht, die nicht unmittelbar und sofort für jeden erkennbar einen individuellen Vorteil bringen, ziehen wir uns zurück und brüllen »Gefahr«. Mit dieser Mentalität kommen wir nicht weiter. Stattdessen sollte unsere Gesellschaft wieder zu einer Haltung finden, die überschaubare Risiken akzeptiert, anstatt sofort reflexartig zurückzuschrecken, wenn etwas mit Unabwägbarkeiten verbunden ist.

Sobald die Ergebnisse von Forschungsbohrungen vorliegen, wäre eine verantwortungsbewusste Abwägung von Chancen und Risiken geboten. Dabei werden wir uns unter anderem die Frage stellen müssen, ob sich Fracking in Deutschland wirtschaftlich lohnt. Solange wir auf theoretische Schwierigkeiten neuer Technologien aber von vornherein mit Verweigerung reagieren, bleiben wir scheinheilig beim Import von Gas mit großem CO_2-Fußabdruck und vernachlässigen unsere Versorgungssicherheit.

Wie Bundeskanzler Scholz zurecht betont: Gas ist eine zentrale Brückentechnologie für Deutschland. Deshalb ist es dringend geboten, die Fracking-Diskussion auf sichere Säulen zu stellen. Wir brauchen mehr Probebohrungen und Technologieoffenheit. Weg von der Angst, hin zu der zentralen Frage: Welche tragende Rolle kann Fracking bei der Versorgungssicherheit spielen und so einen möglichst umweltfreundlichen Beitrag zum Allgemeinwohl leisten?

Kapitel 8

Auf dem Weg zur Speicherwende?

Oder: Alte Geister und neue Notwendigkeiten

Können Sie sich noch an ihr erstes Mobiltelefon erinnern? Als ich mein erstes Handy öffnete, ein Nokia der ersten Generation, erfüllte mich ein Gefühl der Ernüchterung. Es lag klobig und schwer in meiner Hand, sein graues Gehäuse so leblos wie ein Stein. Ich hatte von der Technologie, die mich mit der Welt verbinden sollte, etwas mehr erwartet. Ich drehte das Gerät in meinen Händen, betrachtete das winzige Display und die kryptischen Symbole auf den Tasten, die eher an ein altes Morsegerät erinnerten als an die Zukunft der Kommunikation. Der Bildschirm leuchtete in einem unattraktiven grünlich grauen Farbton, der einem bewölkten Himmel ähnelte. Und der Klang … ein schrilles Klingeln, das so unangenehm dröhnte, dass ich mich fragte, ob es als Wecker oder zur Abschreckung dienen sollte.

Das Gefühl der vergangenen Enttäuschung schwingt für mich auch bei dem Thema der CO_2-Speicherung mit. In den späten 1980er-Jahren wurde das erste Mal in der Bundesrepublik die Möglichkeit eruiert, das klimaschädigende Treibhausgas im Prozess der Entstehung abzutrennen und einzulagern. Auch damals gab es schon viel Verwirrung und

Missverständnisse mit Blick auf die technologischen Möglichkeiten. Natürlich hielt das die Menschen nicht davon ab, starke Meinungen zu entwickeln. Die einen sahen CO_2 unter der Erde als Heilsbringer. Einen Retter im Kampf gegen den Klimawandel. Die anderen sahen es als ein Feigenblatt der Industrie und Gift für unser Grundwasser. Es wurden sogar Schreckensszenarien ausgemalt, wonach die Speicherung von CO_2 das Leben der Bevölkerung direkt gefährden könnte. Als Beispiel wurde dazu unter anderem der großvolumige Austritt von CO_2 am Nyos-See in Kamerun angeführt, bei dem im Jahr 1986 etwa 1.700 Menschen starben. Der Austritt des Kohlenstoffdioxids geschah urplötzlich, ohne menschliches Zutun und in der Nähe mehrerer Dörfer. Die Nyos-Tragödie war in ihrem Ausmaß ein einmaliges Ereignis. Dennoch: Vor dem Hintergrund dieser Katastrophe wurde die CO_2-Speicherung zumindest in Deutschland ad acta gelegt. Zurück blieb für viele ein Gefühl der Enttäuschung: erst große Versprechungen, dann die Bruchlandung einer vermeintlich gescheiterten Technologie.

Mehr als 30 Jahre später wird das Thema nun wieder kontrovers diskutiert, angestoßen diesmal weniger durch die Betreiber von Kohlekraftwerken, sondern eher durch Industrien, die ohne CO_2-Abspaltung keine vollständige Dekarbonisierung erreichen können. Und durch die Wissenschaft, die beim nüchternen Blick auf die Zahlen erkannt hat, wie wichtig diese Technologie ist, um den Klimawandel nicht aus der Bahn geraten zu lassen.

Außerhalb der Industrie und der Wissenschaft aber wird oft noch immer so gedacht wie damals. Anders als bei Handys, deren Nutzen wir heute täglich spüren, haben viele Menschen – auch in der Politik – ihre reservierte Haltung gegenüber der Technologie beibehalten und sind nicht offen für neue Entwicklungen. Im Diskurs werden Argumente abgewertet, weil sie von der Industrie und damit von der vermeintlich »falschen« Seite kommen. Das ist bedenklich für unsere Diskussionskultur. Denn wir sollten Argumente daran messen, ob sie richtig oder falsch sind. Und die Menschen sollten Industrien und die Wissenschaft nicht pauschal innerlich stumm schalten, wenn deren Vorschläge nicht mit ihrer intuitiven Haltung übereinstimmen. Stattdessen gilt es, die Ideen aus Industrie und Wissenschaft unvoreingenommen wahrzunehmen. Dort ist schließlich einiges an Expertise versammelt, wenn es um das Problem des Klimawandels geht.

Zugegeben, nicht alle sind bei ihrer Ablehnung geblieben. Einer der ehemals lautesten Kritiker, damals Umweltminister in Schleswig-Holstein, ist heute ein Befürworter von CO_2-Speicherung. Unser Wirtschaftsminister Robert Habeck setzt sich in seiner neuen Rolle dafür ein, in Deutschland produziertes CO_2 nach Norwegen zu verschiffen, damit es dort unter dem Meer eingelagert werden kann. Eine absurde und bezeichnende Entwicklung, dazu aber später mehr.

Zunächst lohnt es sich, den Debattengegenstand zu verstehen, denn auch heute gibt es noch viele Unklarheiten. Diese beginnen mit dem Begriff der CO_2-Speicherung, der im Deutschen nicht ganz eindeutig ist. Kohlenstoffdioxid kann man auf verschiedene Arten speichern. So lassen sich natürliche Verfahren, wie das Aufforsten von Wäldern und die Vernässung von Mooren, und technische Lösungen, wie das Filtern von CO_2 aus der Atmosphäre oder aus Produktionsprozessen, unterscheiden. Alle technischen Verfahren eint, dass das abgeschiedene Kohlenstoffdioxid irgendwo von Menschen eingelagert werden muss.

Die technischen Lösungen lassen sich außerdem danach aufteilen, an welcher Stelle das CO_2 gebunden wird. Einige Verfahren fokussieren sich auf die direkte Filterung von CO_2 aus der Atmosphäre, sogenannte DAC-Technologien, die Abkürzung steht für *Direct Air Capture*. Das Schweizer Start-up Climeworks leistet hier Pionierarbeit. In Kooperation mit dem isländischen Unternehmen Carbfix filtern deren Anlagen, die aussehen wie riesige Klimaanlagen, dauerhaft CO_2 aus der isländischen Luft. Anschließend wird das CO_2 in Basaltfelsen in einer Tiefe von über einem Kilometer injiziert und dann mineralisiert. Innerhalb von zwei Jahren verwandelt sich das CO_2 in Stein und ist damit für Millionen Jahre gespeichert.

Andere Ansätze verbinden die Speicherung von Kohlenstoff mit der Stromerzeugung, wie es bei bestimmten Biokraftwerken bereits angewandt wird. Man spricht hier von *Bioenergy with Carbon Capture and Storage*, kurz BECCS. Bei diesen Verfahren wird das CO_2 aus verheizten Pflanzen gespeichert. Und weil diese Biomasse zuvor – bei ihrem Wachstum – CO_2 aus der Atmosphäre geholt hat, entstehen dabei »negative Emissionen«. So lassen sich Emissionen, welche in bestimmten Industrien nicht vermieden werden können, ausgleichen. Teilweise lässt sich gesammeltes CO_2

auch weiterverwenden. Ein Beispiel ist das durch die japanische Regierung geförderte Wärmekraftwerk in Mikawa. In dem Kraftwerk werden Palmkernschalen verbrannt, wobei seit 2020 mehr als die Hälfte der vom Biomassekessel ausgeschiedenen CO_2-Emissionen gebunden wird. Der Klimakiller wird beispielsweise an ein nahegelegenes Algenzuchtzentrum verkauft. Gut für Mensch und Fisch.

Wird das Treibhausgas aus den Emissionen von Industrieanlagen abgeschieden, sprechen wir von *Carbon Capture and Storage*, kurz CCS. Bestimmte Industrien werden aus verfahrenstechnologischen Gründen auf absehbare Zeit nicht auf den Ausstoß von CO_2 verzichten können. Wollen wir weiterhin Gebäude aus Stein und Beton errichten, werden wir beispielsweise Zement brauchen. Um die Produktion nachhaltiger zu gestalten, baut Heidelberg Materials im norwegischen Werk Brevik bis 2024 eine Anlage, mit der bis zu 50 Prozent der Abgase gespeichert werden sollen. Das sind immerhin 400 000 Tonnen CO_2 im Jahr. Möglich nur durch einen Beschluss des norwegischen Parlaments aus dem Jahr 2018. Auch andere technische Ansätze können helfen, das Klima zu schützen: Unternehmen wie CarbonCure injizieren beispielsweise CO_2 direkt in Betonmischungen, sodass der Stoff dauerhaft in Gebäuden gespeichert wird. Gleichzeitig erhöht die Zugabe die Widerstandsfähigkeit des Baumaterials.

Es ist zugegebenermaßen nicht ganz leicht, sich in diesem Abkürzungsdschungel zurechtzufinden. Fest steht aber, dass wir all diese Innovationen dringend benötigen. Denn für Szenarien, in denen wir das 1,5-Grad-Ziel nicht oder nur geringfügig überschreiten wollen, sind negative Emissionen notwendig. Es wird absehbar nicht reichen, lediglich den CO_2-Ausstoß zu verringern. Zum einen wird es immer Branchen geben, die emittieren müssen, wie die Bauindustrie und die Landwirtschaft. Zum anderen gibt es viele Länder, die bis 2050 keine Treibhausgasneutralität erreichen werden. Innerhalb der Europäischen Union stoßen Länder wie Polen und Tschechien an ihre Grenzen, und China, der größte CO_2-Emittent weltweit, plant erst für 2060 Klimaneutralität. Wollen Deutschland und die EU tatsächlich ihren anteiligen Beitrag zur Erreichung des Ziels der Maximal-1,5-Grad-Erwärmung schaffen, müssen wir in naher Zukunft nicht nur unsere CO_2-Emissionen verringern, sondern zusätzlich CO_2 aus der Atmosphäre oder aus Produktionsverfahren entfernen und speichern. Dem aktuellen IPCC-Bericht zufolge müssen negative Emissionstechnologien dabei einen Anteil von 100 bis 1.000 Gigatonnen CO_2 bis Ende des 21. Jahrhunderts binden. Im Vergleich dazu: Der globale CO_2-Ausstoß im Jahr 2019 betrug etwa 36,4 Milliarden Tonnen, also ungefähr 36 Gigatonnen.

Welche Lösungen sich langfristig durchsetzen, ist noch offen. Die in der Öffentlichkeit kaum umstrittenen natürlichen Verfahren werden global nicht ausreichen, um die gigantischen Mengen an CO_2 zu binden. Abschätzungen dazu, wie groß ihr Beitrag sein kann, sind extrem unsicher. Das globale Entnahmepotenzial von Wäldern etwa wird auf 0,4 bis 6 Gigatonnen CO_2 jährlich geschätzt, wenn die Entwaldung gestoppt und eine Verringerung der Walddegradierung erreicht wird. Auch kreativere Lösungen, wie die Bindung von CO_2 durch Verwitterung von Steinen, genügen nicht. Denn sie werden sich nicht in ausreichendem Maße durchführen lassen.

Natürliche Lösungen sind also wichtig. Sie sind aber nicht genug. Wir brauchen Forschergeist und Investitionen, um unsere Lebensgrundlage zu sichern. Aktuell erleben wir einen globalen Forschungswettlauf um die besten technischen Lösungen. Dabei geht es im Übrigen nicht nur um die Speicherung von Kohlenstoffdioxid. Lösungen zur CO_2-Reduktion durch höhere Energieeffizienz und neue Produktionsverfahren sind ebenfalls wichtig (siehe Kapitel 9 dieses Buches).

In Bezug auf CO_2-Speicherung haben etwa die USA durch den *Infrastructure and Jobs Act* von 2021 beschlossen, über zwölf Milliarden US-Dollar allein für CCS-Lösungen bereitzustellen. Kanada folgt mit Steuernachlässen in Höhe von zweieinhalb Milliarden kanadischen Dollar. In Europa hingegen führen die skandinavischen Länder. Dänemark allein beschloss Subventionen für CCS-Technologien in Höhe von bis zu fünf Milliarden Euro.

Das Rennen wird im Übrigen nicht nur von Staaten bestritten. Im April 2022 gründeten globale Konzerne, darunter Alphabet, Meta und McKinsey, die Initiative »Frontier«. Bis 2030 wollen die teilnehmenden Unternehmen bis zu einer Milliarde US-Dollar investieren, um die Entwicklung von Entnahmeverfahren zu beschleunigen. Nicht ganz uneigennützig: Sollen bis 2050 um die 30 Prozent der (dann deutlich verringerten) globalen CO_2-Emissionen gebunden werden, gehen Schätzungen davon aus, dass wir eine neue

Industrie in der drei- bis fünffachen Größe der aktuellen weltweiten Petrochemie benötigen. Ein gigantischer Markt mit vielen Arbeitsplätzen und garantierten Absatzmöglichkeiten durch emittierende Staaten und Unternehmen.

Wie schneidet Deutschland in diesem Wettrennen ab? Die Antwort ist ernüchternd: Wir laufen nicht mit. Zwar haben wir bereits seit 2012 das Kohlendioxid-Speicherungsgesetz (KSpG), dieses regelt aber vor allem, dass die Technologie nur für Pilotprojekte mit begrenzten Speichervolumen angewandt werden darf. In der Praxis verhindert das Gesetz den Einsatz von CCS-Technologien in Deutschland.

Dass wir uns das nicht leisten können, hat die heutige Bundesregierung erkannt. Ende 2022 beschloss das Bundeskabinett den vierjährigen Evaluationsbericht zum KSpG sowie die Erarbeitung einer Carbon-Management-Strategie, welche nach Abschluss zu einer Novellierung des Gesetzes beitragen soll. Während wir fleißig evaluieren, vergrößert sich jeden Tag der Abstand im globalen Wettstreit um die besten Lösungen.

Dabei gab es in der Vergangenheit sehr vielversprechende Pilotprojekte, auch auf deutschem Boden: Zwischen 2008 und 2013 haben Wissenschaftler des Deutschen Geoforschungszentrums (GFZ) in Ketzin in Brandenburg knapp 67 Tonnen Kohlendioxid in etwas über 630 Meter Tiefe erfolgreich verpresst. Das bis dato weltweit umfassendste Monitoring-Programm hat die Prozesse während der CO_2-Injektion und die anschließende Ausbreitung des CO_2 überwacht, um die Sicherheit des Speicherkomplexes und der Umwelt zu gewährleisten. Es gab keine Erdbeben, keine

Verunreinigungen des Grundwassers und kein Entweichen von CO_2. Dabei hängt viel vom Standort ab. Die Gesteinsschichten müssen eine Art natürliche Multibarriere bilden, sodass das CO_2 nicht entweichen kann. In Deutschland gibt es laut den Behörden allein auf dem Festland um die 400 geeigneten Standorte, in welchen bis zu zehn Milliarden Tonnen CO_2 gespeichert werden könnten. Mehr als 13-mal so viel, wie Deutschland 2021 ausgestoßen hat. Aber diese jahrelange wissenschaftliche Untersuchung mit erfolgreichem Ausgang hat zu nichts geführt.

Eben weil Deutschland diese Entwicklungen bisher nicht gewollt hat und da Lösungen vor Ort fehlen, bemüht sich der Wirtschaftsminister im Ausland. Robert Habeck, in der Vergangenheit ein lautstarker Gegner von CO_2-Speicherung, will für viel Geld das in Deutschland anfallende Treibhausgas nach Norwegen verschiffen. Dort angekommen soll der Stoff unter die Nordsee verpresst werden. In der Tagesschau kommt der Minister zu einer realistischen Einschätzung, wenn er davon spricht, dass er mittlerweile lieber CO_2 unter der Erde als in der Luft hat. Davon abgesehen, dass viel Energie aufgewendet wird, um das CO_2 überhaupt nach Norwegen zu transportieren, zeigt diese Entwicklung doch nur, wie schlecht Deutschland bei dem Thema aufgestellt ist. Statt wie die meisten anderen Staaten die Industrie zu fördern und bürokratische Hürden abzubauen, versuchen wir, uns des Klimakillers im Ausland zu entledigen.

Dieser Tage werden viele Berichte und Expertenstimmen laut, die auf die Unvermeidbarkeit der CO_2-Speicherung hinweisen. Und doch dominiert meiner Wahrnehmung nach immer noch die Angst und Enttäuschung der 1990er-Jahre den aktuellen Diskurs. So wird der Begriff der CO_2-Speicherung von Kritikern massiv verkürzt und lediglich auf die CCS-Verfahren angewandt. Alle anderen, zum Teil sehr vielversprechenden Technologiegruppen wie BECCS, werden pauschal über einen Kamm geschoren und gleichermaßen diskreditiert, was eine politische Förderung unpopulär macht. Diese Einengung der Diskussion wird in den Kommunikationswissenschaften als »Framing« bezeichnet. CO_2-Speicherung wird als ineffizient, gefährlich und unmoralisch skizziert. Bestehende Verfahren würden zu viel Energie verbrauchen, das Trinkwasser sei durch Unfälle gefährdet, und die Industrie will insgeheim doch nur mehr Schadstoffe verfeuern und CO_2-Speicherung zum »Greenwashing« einsetzen. Was für die Neunzigerjahre zum Teil zutraf, verkennt die heutige Realität jedoch in dreifachem Sinn:

Zwar stimmt es, dass viele der Pilottechnologien aktuell noch zu viel Energie verbrauchen, um wirtschaftlich im industriellen Maßstab eingesetzt zu werden. Aber wer würde auch etwas anderes erwarten? Die Forschung steckt trotz intensiver Bemühungen der letzten Jahre noch in den Kinderschuhen. Frühzeitig eine Technologie zu verteufeln, welcher man durch fehlende Förderung nie die Chance gegeben hat, sich zu entwickeln, ist mit Blick auf die aktuelle Situation fahrlässig. Die Folgen sind absehbar: Das Wettrennen der Zukunft wird im Ausland ausgetragen, das bedeutet weniger Arbeitsplätze in Deutschland, weniger Wohlstand und eine höhere Abhängigkeit von anderen Ländern. Wir investieren doch auch in anderen Bereichen, in denen wir nicht sofort

Ergebnisse erkennen, im Hinblick auf die Notwendigkeit von Innovationen. Wir haben viel und lange in die erneuerbaren Energien investiert, bevor sie einen nennenswerten Anteil an der deutschen Stromerzeugung erbrachten. Durch die Wichtigkeit des Themas liegt gar ein anderer Vergleich nahe: Niemand würde auf die Idee kommen, die Forschung an Krebsmedikamenten einzustellen, nur weil diese noch nicht die idealen Ergebnisse liefern.

Auch die Angst vor Leckagen und der Verunreinigung des Grundwassers hat sich bisher in keinem der mir bekannten Pilotversuche bewahrheitet. Durch eine sorgfältige Auswahl der Standorte und Testbohrungen lassen sich die Risiken minimieren. Das Einspritzen von CO_2 wird mit modernster Bohrtechnologie vollzogen, Lecks sind äußert selten. Und auch im Gegensatz zu Technologien wie der Atomkraft ist der Worst Case weniger dramatisch. Natürlich wäre es gravierend, wenn CO_2 austräte. Mögliche Verunreinigungen des Grundwassers müssten aufbereitet werden, und das CO_2 würde sich in die Atmosphäre absetzen. Die Risiko-Abwägung muss doch aber viel umfassender vollzogen werden: Die Alternative zur CO_2-Speicherung ist die naive Hoffnung, dass wir in den nächsten Jahrzehnten eine noch völlig unbekannte Wundertechnologie erfinden, die gigantische Reduktionen des Ausstoßes der globalen Industrienationen bewirken kann, am besten ohne jedes Risiko. Sogar in Deutschland ist unklar, ob wir unsere Klimaziele erreichen, ganz abgesehen von den wirklich starken Emittenten wie China und den USA. Verfehlen wir die Ziele, drohen mehr Hitzewellen, Überschwemmungen, Artensterben und Billionen an zusätzlichen Kosten. Der Vergleich muss doch sein, ob wir glauben, dass die Politik der nächsten Jahrzehnte sicherer ist, als dass in zehntausend Jahren etwas CO_2 aus der Erde diffundiert.

Das Argument, durch CO_2-Speicherung würde eine schädliche Industrie künstlich am Leben gehalten und Kohlekraftwerke könnten dadurch in Zukunft einfach mehr CO_2 ausstoßen, ist nicht überzeugend. Erstens könnte die CO_2-Speicherung zu diesem Zweck ganz einfach ordnungspolitisch unterbunden werden. Das ist aber nicht einmal nötig. Denn anders als in den 1990er-Jahren gibt es heutzutage das politische Commitment, die Kraftwerke im Laufe der nächsten Jahrzehnte abzuschalten. Da sich daher keine Investitionen in Kohlekraftwerke mehr lohnen, gibt es zukünftig auch keine Lobby mehr, welche davon profitieren könnte. Es wird niemand geben, für den es sich lohnt, diese Technologie als Feigenblatt vorzuhalten. Das gilt auch für die produzierende Industrie. Unternehmen rechnen heute damit, dass der Preis pro Tonne CO_2 ansteigen wird. Niemand hat daher ein Interesse daran, mehr CO_2 auszustoßen als nötig.

Deutschland braucht die Speicherwende. Ich gebe zu, der Begriff klingt noch nicht ganz so attraktiv. Vielleicht haben Sie einen besseren. Was zählt, ist aber nicht was draufsteht, sondern was drin ist. Deutschland muss schleunigst loslaufen. Dafür brauchen wir weitere Pilotprojekte. Es darf keine Gedankenscheren geben, auch nicht mit Blick auf Speicherpotenziale unter der Nord- und Ostsee. Das Kohlendioxid-Speicherungsgesetz muss angepasst werden, sodass es Betreibern von technischen Verfahren endlich möglich wird, diese in Deutschland anzuwenden. Dafür ist der zentrale Baustein die Speicherung von CO_2 unter Tage. Hier brauchen wir als Gesellschaft Mut. Mut, einer vermeintlich gescheiterten Technologie eine neue Chance zu geben. Wenn wir genau hinschauen, werden wir erkennen, dass die Vorzeichen und die Möglichkeiten besser stehen als damals.

Ich habe meine Enttäuschung über mein damaliges Nokia-Handy mittlerweile überwunden. Heute heißen die kleinen Geräte Smartphones und sind nicht mehr aus unserem Leben wegzudenken. Das Wissen der Welt in der Hosentasche. Und viele Aufgaben kann man jetzt auch von unterwegs erledigen. CO_2-Speicherung kann ein wichtiger Baustein zur Bekämpfung des Klimawandels werden, wenn wir nur bereit sind, unsere Gefühle vergangener Zeiten loszulassen. Zeit für einen Neustart.

Kapitel 9
Ganzheitlich Energie sparen
Oder: Jenseits von Steckdosen und Gaszählern

Die Energiepreiskrise bescherte uns unerwartete Einblicke in die Badezimmer deutscher Politiker. Erinnern Sie sich an die Schlagzeile »Habeck duscht wegen Putin kalt«? Als nach Robert Habeck auch Daniel Günther und Wolfgang Kubicki ihre Vorliebe für eine kalte Dusche zu Protokoll gaben, fragte ich mich als Rheinländer, ob es sich dabei wohl um ein norddeutsches Phänomen handelte. Wie zur Bestätigung meiner These erklärte Winfried Kretschmann aus dem Ländle nämlich prompt, die Katzendusche per Waschlappen einer kalten Dusche vorzuziehen. Die Politik ist sich jedenfalls einig: Deutschland muss Energie sparen. Und die Bürger, egal ob mit der gelassenen »Wat mutt, dat mutt«-Mentalität der Nordlichter oder in schwäbischer Sparsamkeit, stimmen zu. Über 85 Prozent von ihnen befürworten Energiesparen in der aktuellen Situation.

Die Bereitschaft dazu ist in den letzten Jahren deutlich gestiegen. Vor der Energiepreiskrise gaben nur gut 30 Prozent der Befragten an, dass Energiesparen ihnen wichtig sei. Dabei gründet der Wille zur Sparsamkeit vor allem im Gedanken an den eigenen Geldbeutel. Für fast zwei Drittel der Verbraucher ist Geld sparen der ausschlaggebende Grund. Jeder Fünfte will hauptsächlich einen Beitrag dazu leisten, dass Deutschland die Energiekrise gut meistert. Umwelt- und Klimaschutz stehen hingegen bei nur gut jedem Zehnten an erster Stelle.

Für die Politik ist das anders. Versorgungssicherheit und Bezahlbarkeit spielen zwar auch dort eine Rolle. Seitdem die Gasspeicher aber wieder ausreichend gefüllt sind und die Energiepreisbremse wirkt, steht das Thema Klimaschutz wieder im Fokus. Denn – wie man die Zahlen auch dreht und wendet – die bisherigen und auch die künftig bestenfalls möglichen Schritte werden kaum ausreichen, um die Klimaziele der Bundesregierung rechtzeitig zu erreichen.

Schauen wir uns zunächst an, wo Deutschland in puncto Energiebedarf steht – und wo wir hinwollen. Deutschland verbraucht derzeit (Stand 2021) 2.400 Terawattstunden (TWh) Endenergie pro Jahr. So wird die Energie genannt, die in Form von Strom, Wärme oder Kraftstoffen von Verbrauchern genutzt werden kann, nachdem sie aus Primärenergieträgern wie Kohle, Erdöl, Erdgas, Wasser oder Wind gewonnen wurde. Größter Verbraucher war mit 699 Terawattstunden bzw. einem Gesamtanteil von 29 Prozent die Industrie, gefolgt von den Privathaushalten mit 670 Terawattstunden bzw. knapp 28 Prozent. Auf den Verkehrssektor entfielen mit 637 Terawattstunden gut 27 Prozent der Endenergie in Deutschland. Fast alles davon diente übrigens dem Antrieb von Verkehrsmitteln. Für Beleuchtung, Kommunikation und Klimatisierung wird weniger als ein Prozent der Energie aufgewandt. Der Sektor Gewerbe, Handel und Dienstleistungen schließlich verbrauchte 385 Terawattstunden und kam damit auf einen Anteil von 16 Prozent.

Insgesamt ist der Endenergieverbrauch in Deutschland in den letzten 30 Jahren um gut acht Prozent gesunken. Dabei ist der Anteil der privaten Haushalte leicht gestiegen, während er vor allem in den Bereichen Industrie und Gewerbe, Handel und Dienstleistungen zurückging. Um aber die Klimaschutzziele der Bundesregierung zu erreichen, ist es nötig, den Endenergieverbrauch Deutschlands bis 2045 um gut 40 Prozent auf nur noch 1.400 Terawattstunden zu reduzieren.

Laut Umfragen sehen die Bürger sich selbst, die Unternehmen und den öffentlichen Sektor im gleichen, hohen Maß in der Pflicht zum Energiesparen. Auch die Politik betont den Charakter einer gesamtgesellschaftlichen Aufgabe. Das bedeutet allerdings nicht, dass ein Vorgehen nach dem Rasenmäherprinzip sinnvoll ist. Denn manche Sektoren haben bereits deutlich stärker an ihrer Energieeffizienz gearbeitet als andere. Und nicht überall lässt sich gleich viel Energie einsparen. Insbesondere im Bereich der Industrie gilt es, bei Vorgaben zur Energieeffizienz auch die Auswirkungen auf unsere Wettbewerbsfähigkeit im Blick zu behalten. Welche Beiträge können die einzelnen Sektoren also leisten, damit wir es schaffen, energetisch abzuspecken?

Energie steckt in nahezu allen Lebensbereichen und Produkten. Da sie zum Großteil noch aus fossilen Energieträgern gewonnen wird, geht der Löwenanteil unserer Treibhausgasemissionen auf die Nutzung von Energie zurück. Wer sich eine Aufschlüsselung der deutschen Emissionen nach Sektoren anschaut, mag auf den ersten Blick denken: Die Energiewirtschaft verursacht den höchsten Anteil der Emissionen, deshalb sollte die Politik die Daumenschrauben dort auch besonders stark anziehen.

Das greift aber gleich in zweierlei Hinsicht zu kurz. Denn zunächst ist es wichtig, statistische Verlagerungseffekte im Zuge der Energiewende zu berücksichtigen. Wird beispielsweise ein Auto mit Verbrennungsmotor durch ein elektrisch betriebenes Fahrzeug ersetzt, so verringert dies statistisch die Treibhausgasemissionen im Verkehrssektor – diejenigen in der Energiewirtschaft steigen hingegen. Von E-Mobilität über Wärmepumpen hin zu industrieller Produktion: Die Energiewende wird (wie in Kapitel 2 beschrieben) eine deutliche Elektrifizierung unseres Energieverbrauchs bewirken. Dadurch werden statistisch gesehen die der Energiewirtschaft zugerechneten Emissionen de facto immer mehr aus anderen Sektoren stammen. In puncto Energiesparen ist die Energiewirtschaft zudem Spitzenreiter. Sie hat ihre Emissionen in den letzten 40 Jahren mehr als halbiert und damit mehr als jeder andere große Sektor zur Energieeffizienz beigetragen. Der Bereich Verkehr beispielsweise ist noch nicht annäherungsweise so weit.

Dort gilt es kurzfristig, insbesondere Autos mit Verbrenner durch solche mit Elektroantrieb zu ersetzen und zugleich andere, klimaschonende Technologien wie E-Fuels oder Brennstoffzellenantriebe mit Wasserstoff voranzubringen. Außerdem sinnvoll, wenn auch bei vielen unbeliebt: ein Tempolimit auf Autobahnen – es wäre die wirksamste Einzelmaßnahme im Verkehrsbereich. Eine Höchstgeschwindigkeit von 130 Kilometern pro Stunde könnte fast sechs Millionen Tonnen Treibhausgase pro Jahr einsparen. Die Einführung würde uns der Erreichung der Klimaschutzziele in diesem Sektor ein gutes Stück näher bringen. Wer sich emotional damit schwertut, den wird der Blick ins Ausland trösten. Denn international sind wir in Sachen Tempolimit der Geisterfahrer. In allen anderen entwickelten Staaten weltweit existiert eine Geschwindigkeitsbegrenzung auf Schnellstraßen, ohne dass diese die Lebensqualität dort merklich schmälert.

Auch abseits der Autobahnen sind im Verkehrssektor noch viele Energiesparpotenziale zu erschließen, insbesondere in den Städten. Dort ist der Verzicht auf das Auto zwar einfacher möglich als auf dem Land. Der Umstieg sollte aber beispielsweise durch den weiteren Ausbau von Rad(schnell)-wegen erleichtert werden. Auch Anreize für eine erhöhte Fahrzeugauslastung helfen dabei, die Anzahl der Fahrten zu reduzieren. So gibt es etwa in vielen Städten in den Vereinigten Staaten Fahrspuren, die nur für Autos freigegeben sind, die mindestens drei Personen an Bord haben. Wer im Berufsverkehr schnell ans Ziel kommen will, betreibt dann *Ridesharing* – oder steigt gleich auf Bus und Bahn um.

Denn auch der öffentliche Personennahverkehr wird eine tragende Säule der »Verkehrswende« sein. Während bei Pünktlichkeit und Taktung noch Verbesserungsbedarf besteht, sind wir zumindest preislich auf einem guten Weg zu einem attraktiven Angebot. Die ersten Studienergebnisse zum Deutschlandticket zeigen eine wahrnehmbare Verlagerung von der Straße auf die Schiene. Die anonymisierte Auswertung der Bewegungsprofile von über 40 Millionen Smartphones hat ergeben, dass der Anteil der Bahnfahrten an der Personenbeförderung binnen weniger Monate um zweieinhalb Prozent zugenommen hat. Wer dies für wenig hält, verkennt: Verkehrspolitische Maßnahmen scheiterten in der Vergangenheit reihenweise bei dem Versuch, überhaupt eine Verlagerung zu erreichen. Das Deutschlandticket scheint also ein großer Schritt in die richtige Richtung zu sein. Damit es keine Eintagsfliege bleibt, gilt es, das Angebot auszuweiten: Eine höhere Taktfrequenz und neue Bahnen sind nötig, um den öffentlichen Nahverkehr dauerhaft zur ersten Wahl möglichst vieler Bürger zu machen.

Eine weitere Herausforderung ist allerdings die Finanzierung. Die ist für die nächsten Jahre nämlich noch ungewiss. Insbesondere für die Zeit nach 2025, wenn staatliche Corona-Hilfen für den ÖPNV auslaufen. Der finanzielle Mehrbedarf der Verkehrsunternehmen wird durch das Deutschlandticket dann stark ansteigen und zwischen vier und dreizehn Milliarden Euro jährlich liegen. Schon jetzt fallen beim ÖPNV Verluste an, die teilweise durch Bundesgelder ausgeglichen werden. Auch diese Aufwendungen sind verkappte staatliche Subventionen. Wenn man alle zusammennimmt, liegt der Bedarf bis 2030 bei über 14 Milliarden Euro – eine Summe, die auf Dauer nicht akzeptabel ist.

Erhebliches Potenzial für weniger Emissionen im Straßenverkehr steckt in der Digitalisierung. Das Arbeiten im Homeoffice reduziert die Anzahl der berufsbedingten Fahrten. Die Pandemie hat für einen willkommenen Bewusstseinswandel gesorgt und aufgezeigt, dass viele Wege überflüssig sind. Auch zahlreiche Projekte im Feld der *Smart Cities* können einen Beitrag zum Energiesparen leisten, egal ob mittels intelligenter Straßenbeleuchtung oder durch smarte Verkehrsleitsysteme, die Staus vermeiden.

Mindestens genauso relevant ist die Digitalisierung in Bezug auf den Gebäudebereich. Von Wohnflächen und Büros hin zu Fabriken oder öffentlichen Gebäuden: Über alle Sektoren hinweg wenden wir für Immobilien momentan 1.023 TWh bzw. rund 44 Prozent der gesamten verbrauchten Endenergie auf. Die Bereitstellung von Wärme macht den größten Anteil davon aus. Insbesondere sogenannte Nichtwohngebäude wie Schulen, Büros oder Turnhallen werden oft durchgehend beheizt, obwohl einzelne Räume mehr als 80 Prozent der Zeit nicht genutzt werden. Durch smarte Steuerungssysteme, die mit Aktivitätssensoren ausgestattet sind, lässt sich erkennen, wann Räume regelmäßig genutzt werden. Das System bemerkt wiederkehrende Muster, kann die Räume dann rechtzeitig aufheizen – und die Heizung im Anschluss wieder herunterregeln. Durch solche cleveren technologischen Lösungen lassen sich ohne Komfortverzicht bis zu 30 Prozent an Energie einsparen.

Auch die energetische Sanierung von Gebäuden ist wichtig. Dabei gilt es aber, Augenmaß zu wahren. Durch die Sanierung alter Häuser lassen sich zwar hohe energetische Einsparungen erzielen. Bei neueren Bauten mit höherem energetischem Standard sind Sanierungen aber viel weniger ertragreich, insbesondere wenn man den Nutzen in Relation zu den Kosten setzt. Ab einem bestimmten Punkt, der bei etwa 70 kWh pro Quadratmeter liegt, stehen exponentiell steigenden Sanierungskosten nur noch geringe Energieeinsparungen gegenüber. Mit ganz konkreten, negativen Folgen. Denn unverhältnismäßig strenge Vorgaben machen das Bauen und die Erhaltung von Häusern viel teurer. Dadurch wird weniger gebaut, und das Angebot an Wohnraum, der vielerorten ohnehin viel zu knapp ist, fällt geringer aus, als das sonst der Fall wäre. Und werden die Kosten von einer Sanierung im Bestand auf die Mieter umgelegt, haben wir ganz schnell eine soziale Frage: Wenn die Miete nicht mehr mit einem durchschnittlichen Vollzeitgehalt zu bezahlen ist, schwindet die Akzeptanz für energetische Sanierungsmaßnahmen – im schlimmsten Fall sogar für die Energiewende als Ganzes. Die Politik muss aufpassen, bei dieser »Wärmewende« die Grenze der Belastbarkeit der Vermieter wie auch der Mieter nicht zu überschreiten.

Ähnlich sieht es in der verarbeitenden Industrie aus. Auch dort gibt es noch nicht gehobene Energiesparpotenziale. Diese bestehen vor allem in den Bereichen Prozesswärme, Antriebstechnik und Raumwärme. Hier lässt sich durch optimierte Anlageneinstellungen, bessere Abwärmenutzung und den stärkeren Einsatz hocheffizienter Motoren oder Pumpen einiges an Energie einsparen.

Über ein Drittel der Emissionen in der Industrie geht auf sogenannte Prozessemissionen zurück. Damit bezeichnet man Emissionen, die nicht durch die Verbrennung von Energieträgern, sondern durch die Verarbeitung von Rohstoffen im Produktionsprozess entstehen. Im Vergleich zu 1990 wurden diese Prozessemissionen bereits um etwa

40 Prozent reduziert. Eine weitere Reduktion ist in vielen Fällen physikalisch nur schwer möglich. Das gilt insbesondere für die energieintensiven Branchen Chemieindustrie, Stahlerzeugung und Zementproduktion. Dort können künftig innovative Werkstoffe zur Verringerung von Prozessemissionen beitragen. Beispielsweise lässt sich der emissionsintensive Klinkeranteil in Zement in Teilen durch alternative Zumahlstoffe mit vorteilhafterem Umweltprofil ersetzen. Auch die Industrie kann also energetisch noch fitter werden.

Gleichzeitig ist wichtig: Unsere Industrie steht in einem intensiven globalen Wettbewerb. Je tiefgreifender und kleinteiliger die energetische Regulierung, desto unattraktiver wird der Standort Deutschland. Eine nach wie vor starke industrielle Produktion in Deutschland taugt dabei nicht als Argument, um die Warnung vor einer Deindustrialisierung als Panikmache abzutun. Industrieanlagen sind eine teure Investition für Unternehmen. Sie werden langfristig geplant und sind langlebig. Wenn deutsche Firmen neue Produktionsstätten lieber im Ausland als hier bauen, fällt das statistisch zunächst kaum auf. Reduzierte Investitionsleistungen der Unternehmen in neue Produktionskapazitäten in Deutschland sind eine Indikation für anstehende rückläufige Produktionsmengen im Land. Sichtbar und spürbar wird der Einbruch industrieller Produktion erst, wenn die hierzulande existierenden Anlagen zum Ende ihres Lebenszyklus, nach 20 oder 30 Jahren, abgeschaltet werden und Neuinvestitionen nicht erfolgt sind. Die amtlichen Zahlen zum Anteil der industriellen Produktion sind also nur ein Blick in den Rückspiegel. Bis Abwanderungen sich dort niederschlagen, könnte es bereits viel zu spät sein für viele Arbeitsplätze, Milliarden an Steuerzahlungen und Innovationen made in Germany.

Wer verstehen will, wohin die Reise geht, schaut stattdessen aufmerksam auf die Investitionen der Industrie. Denn durch diese werden die Produktionskapazitäten der Zukunft aufgebaut. Stand der Dinge hier: ein trauriger Rekordwert. Im Jahr 2022 sind ganze 125 Milliarden Euro mehr an Direktinvestitionen abgeflossen, als aus dem Ausland in Deutschland investiert wurden. »Deutschland verliert Investitionen wie noch nie« – diese Schlagzeile lässt sich nicht schönreden. Die Energie- und Bürokratiekosten an anderen Standorten der Welt sind eindeutig ein wichtiges Entscheidungskriterium für Neuinvestitionen. Gerade die energieintensive Industrie achtet zum Erhalt ihrer Wettbewerbsfähigkeit auf diese Rahmenbedingungen. Ist der Preisunterschied zu groß, werden beispielsweise Standorte mit hohen Stromkosten heruntergefahren. Dann wandern Unternehmen in Regionen mit günstigerem Strom und weniger ambitionierten Vorgaben zur Energieeffizienz ab. Die Verlagerung von Emissionen ist mittlerweile so geläufig, dass sich ein eigener Begriff dafür etabliert hat: *Carbon Leakage.* Somit wäre ein Übermaß an Energievorgaben für die Industrie gleich doppelt bedenklich. Wir laufen dadurch nicht nur Gefahr, unsere Wirtschaft nachhaltig zu schwächen, sondern riskieren auch einen Rücksetzer beim Klimaschutz.

Eine zentrale Frage lautet also: Wie sollte der Staat Energieeffizienz in der Industrie fördern? Entweder legt man strategische Ziele fest und schafft dann einen Rahmen durch indirekte Anreize. Dann können Unternehmen und Forschung Innovationen vorantreiben und mit effizientesten Lösungen im Wettbewerb gewinnen. Oder die Regierung gibt vor, welcher Weg beschritten und was im Detail getan und gelassen werden soll.

Der erste Weg hat uns in Form der Marktwirtschaft stark gemacht. Das Einmischen und Vorgeben von Weg und Maßnahmen hingegen ist oft teuer und ineffizient. Da hilft es auch nichts, wenn man ein entsprechendes Gesetz, wie im Spätsommer 2023 geschehen, als Energie-Effizienz-Gesetz betitelt. Tatsächlich geht es dabei nämlich nicht darum, die Effizienz zu fördern oder Unternehmen zu belohnen, die genau das tun. Stattdessen geht es darum, den absoluten Energieverbrauch zu deckeln – und zwar kurioserweise ganz unabhängig von der Frage, wie diese Energie gewonnen wurde. Selbst von hundertprozentig grünem Strom soll man künftig nur noch eine limitierte Menge verbrauchen dürfen.

Klar ist schon jetzt: Das wird in vielen industriellen Fertigungen erhebliche technische und finanzielle Probleme aufwerfen, zusätzliche Bürokratie bringen und damit die Position der deutschen Industrie im internationalen Wettbewerb weiter verschlechtern. Derartige Gesetze sind insofern das exakte Gegenteil dessen, was eigentlich nötig wäre. Anstatt darauf zu vertrauen, dass es in der DNA von Wirtschaftsunternehmen liegt, alles zu tun, was ihre Kosteneffizienz verbessert, wird gerade dieses Bestreben von den Machern des Gesetzes als Manko gegeißelt.

Die Industrie, heißt es, spare Energie stets nur insoweit ein, als dies zu eigennützigen Effizienzgewinnen führe. »Stimmt genau«, will man da entgegnen. Und ebendies heißt im Umkehrschluss: Wer noch mehr erzwingen will, kann das nur auf Kosten der Wirtschaftlichkeit tun. Und es bedeutet auch, willentlich zu übersehen, dass deutsche Unternehmen in der Vergangenheit sehr wohl deutlich mehr getan haben, als ihnen unmittelbar nutzt. Allein der spezifische Energiebedarf der Chemieindustrie ist zwischen 1990 und 2020 um rund 50 Prozent gesunken. Im gleichen Zeitraum verringerten sich die Treibhausgase (CO_2 und Lachgas) um 55 Prozent, während die Produktion um 63 Prozent anstieg. Und auch die bereits erwähnte Energiewirtschaft hat einen weit überproportionalen Beitrag geleistet: Seit 1990 sind ihre Treibhausgas-Emissionen um rund 50 Prozent gesunken.

Das heißt nicht, dass staatliche Förderprojekte durchweg verzichtbar wären. Nötig sind sie, um neue Themen voranzubringen – gefragt ist aber die richtige Mischung. Für den Anschub und bis zum Markthochlauf sollten Zukunftsthemen wie beispielsweise Wasserstoff durchaus begleitet werden – das ist zeitlich und inhaltlich begrenzte und sinnvolle Industriepolitik, die am besten mit klaren Zeitrahmen und Prozessen arbeitet. So könnte man etwa bestimmte Technologien für einen zuvor festgelegten Zeitraum von zehn Jahren fördern und in dieser Zeit die Subventionen degressiv gestalten.

Das heißt, im ersten Jahr werden 90 Prozent bestimmter Kosten übernommen oder erlassen, im zweiten 80 Prozent und so weiter. Ein solches Prinzip erfüllt beide Funktionen: Es erleichtert neuen Technologien den Weg in den Markt, gibt den Unternehmen aber auch langfristige Planungssicherheit und ausreichend Anreiz, die eigene Produktivität und Wettbewerbsfähigkeit so schnell wie möglich zu steigern. Vom gängigen Prinzip aber, einmal eingeführte Subventionen bis zum Sankt-Nimmerleins-Tag laufen zu lassen, sollten wir die Finger lassen.

In Bezug auf den Klimaschutz haben wir zudem bereits ein potentes Instrument, das Anreize zum Energiesparen und zur Vermeidung von Emissionen setzt: den Emissionshandel. Anstelle von nationalem Mikromanagement brauchen wir das Bekenntnis zum Emissionshandel mit seiner sukzessiven Ausweitung auf alle Sektoren. Ein verlässlich steigender CO_2-Preis in allen Sektoren ist dann die beste – indirekte – Steuerung.

Im Ergebnis ist der deutsche Pfad zur Erreichung der Klimaschutzziele auf Kante genäht, selbst wenn die Umsetzung all der erwähnten Maßnahmen gelingt. Umso wichtiger ist technologieoffene Forschung. Denn laut Schätzungen der Internationalen Energieagentur wird mehr als die Hälfte der globalen Emissionsreduktion in den nächsten Jahrzehnten durch Technologien erreicht werden, die heute noch unbekannt oder nicht marktreif sind. Deutschland als Land der Tüftler kann hierbei einen wichtigen Beitrag leisten.

Das gelingt, wenn wir die Grundlagenforschung an neuen Technologien, Materialien und Prozessen deutlich ausweiten – selbst wenn diese noch nicht unmittelbar und großflächig anwendungsreif sind. Bei Projekten mit fortgeschrittenem Forschungsstand ist es wiederum zentral, Forschung und industrielle Nutzung eng zu verknüpfen. Dafür bedarf es vor allem skalierter Demonstratoren, auch in Realumgebungen. Denn zum Nachweis der Marktfähigkeit neuer Materialien und Technologien benötigt man Betriebsversuche im Bereich von tausenden Tonnen pro Jahr und mit entsprechenden Energiemengen. Zurecht: Infrastruktur, die jahrzehntelang bestehen soll, muss sorgfältig erforscht sein.

In der Gesamtschau ist nicht jede Innovation, die als solche angepriesen wird, auch sinnvoll. E-Scooter beispielsweise prägen mittlerweile das Bild vieler Großstädte. Studien zufolge haben sie aber im Schnitt nur eine Lebensdauer von wenigen Monaten. Durch den hohen Energieaufwand für die Herstellung sind sie also eher eine Umweltsünde als ein Beitrag zu energetisch nachhaltigem Verhalten. Umgekehrt treibt Deutschland noch nicht jede sinnvolle Innovation mit gebührendem Elan voran, das gilt insbesondere für die CO_2-Speicherung. Wie in Kapitel 8 gezeigt, werden negative Emissionen zur Erreichung der Klimaziele unerlässlich sein.

So weit zum großen Ganzen. Aber auch jeder Einzelne kann einen Beitrag leisten. Vielleicht zählen Sie zu den 85 Prozent der Deutschen, die Energiesparen gut finden!? Dann sind Sie nach dem letzten Winter wahrscheinlich bestens mit Empfehlungen zu Heizung, Dusche etc. versorgt. Wenn Sie Teil der übrigen 15 Prozent sind und Lust aufs Energiesparen bekommen, finden Sie passgenaue Beratungsangebote im Internet und bei den örtlichen Verbraucherzentralen.

Lassen Sie uns aber anstelle der bekannten Energiespartipps noch einen Perspektivwechsel wagen. Denn eines der größten privaten Energiesparpotenziale steckt jenseits der heimischen Steckdosen und Gaszähler. Erneut ist wichtig: Nicht der Energieverbrauch per se ist problematisch. Sicher gilt, was nicht verbraucht wird, muss auch nicht erzeugt werden. Und insofern sollten wir auch grüne Energie stets intelligent nutzen. Wichtigster Knackpunkt aber sind nicht die reinen Verbrauchsmengen, sondern die dabei entstehenden Treibhausgasemissionen aus fossilen Energieträgern.

Nun findet unsere Diskussion zum Thema Umweltbilanz auf Grundlage der behördlichen Emissionsstatistiken statt. Diese erfassen nur die inländischen Emissionsquellen, man spricht hier vom sogenannten Quellenprinzip. Die Realität ist aber komplexer, denn wir importieren im großen Stil Produkte, deren Herstellung anderswo einen hohen Energieverbrauch und Emissionsausstoß verursacht. Erst die sinnvolle, aber bei uns nicht geläufige Bilanzierung nach dem »Verursacherprinzip« würde alle Emissionen, die durch unsere Bevölkerung verursacht werden, einbeziehen.

Der bekannte »ökologische Fußabdruck« wird nach genau diesem Verursacherprinzip berechnet. Er macht den tatsächlichen Anteil Deutschlands an den globalen Emissionen deutlich. Und er zeigt: Ganze 31 Prozent des durchschnittlichen ökologischen Fußabdrucks gehen auf den Kauf von Produkten wie Kleidung oder Elektroartikel zurück. Danach erst kommen die viel diskutierten Bereiche Wohnen und Strom. Sie sorgen für »nur« 25 Prozent der durch die Deutschen verursachten Emissionen. Mobilität und Lebensmittel haben schließlich einen Anteil von 20 respektive 16 Prozent, die öffentliche Infrastruktur liegt bei acht Prozent. Wir sehen also ganz klar, im bewussteren Kauf von Konsumgütern steckt ein großes Potenzial zu nachhaltigerem Verhalten.

Wie viel hier noch geht, zeigen bedenkliche Trends wie *Ultra Fast Fashion*. Der chinesische Modekonzern Shein beispielsweise ist auf TikTok omnipräsent. Er bringt jeden Tag tausende neue Artikel auf den Markt und versendet viele Millionen davon jedes Jahr nach Deutschland. Blusen für drei, Sneaker für 15 Euro. Wer auf Wegwerfmode verzichtet, kann seinen ökologischen Fußabdruck sogar noch stärker als durch Energiesparmaßnahmen im Haushalt reduzieren.

De facto werden wir beides brauchen: einen cleveren Mix aus Energiesparmaßnahmen und bewussterem Konsum. Ergänzt durch Innovationen können wir dann unsere Energie- und Klimaschutzziele erreichen und gleichzeitig unseren Wohlstand bewahren. Ein Erfolg wäre in vielerlei Hinsicht erfreulich. Auch weil die 94 Prozent der Deutschen, die bekennende Warmduscher sind, dies dann auch guten Gewissens bleiben dürfen.

Kapitel 10

Wer will schon in die Röhre schauen?

Oder: Wie wir unser Energiesystem resilienter machen

Zu Hause hatten wir einen Kohlenkeller. Für uns Kinder hatte der etwas Aufregendes. Wir kamen jedes Mal schwarz heraus. Da wir mit unseren Kohlefingern dann die Wohnräume schwärzten, ließ das Verbot nicht lange auf sich warten. Trotzdem schlich ich mich manchmal noch heimlich hinein. Die Hitze des Stahlofens und das Glühen des Feuers hatten etwas Bedrohliches und zugleich Anziehendes. Als ich größer wurde, durfte ich manchmal die Kohle, die, über ein Blech prasselnd, in den Keller rutschte, in den lodernden Schlund nachfüllen.

Das war meine erste Begegnung mit Energie. Unheimlich, für ein Kind nicht beherrschbar, ja gefährlich. Und doch konnte mein Vater damit umgehen. Was die Wärme anging, waren wir zu Hause autark. Der Strom kam hingegen für mich aus der Steckdose. Und später das Benzin aus der Zapfsäule.

In meinen beruflichen Jahren dann lernte ich die Energie anders kennen. Ein Vierteljahrhundert in den Diensten der chemischen Industrie lehrte mich, woher die Primärenergie kommt und wohin sie überall fließt. Nicht nur in Steckdosen und Zapfsäulen. Ein großer Teil geht in die Wertschöpfung, ein gewisser Prozentsatz sogar direkt in Produkte. Ich lernte, dass die Energie Grundbedingung für unsere deutsche Wirtschaft ist. Und wie sehr unser Gesellschaftsmodell – Produktion, Export und die Verteilung der Exportgewinne zur Finanzierung des Sozialstaats – auf der Verfügbarkeit von Energie beruhte.

Immer wieder erinnerte ich mich beim Besuch von Industrieanlagen an mein Gefühl im häuslichen Kohlenkeller. Je mehr ich mich beruflich damit beschäftigte, desto mehr Respekt bekam ich auch vor der großen Kompetenz der Fachkräfte, der Planer und Monteure, der Ingenieure und Schichtarbeiter, die über Jahrzehnte gelernt hatten, die jeder Maschine immanenten Risiken, soweit es irgend ging, zu beherrschen. Und die alle Anlagen im Störungsfall schnell wieder zum Laufen brachten. Diese Verantwortung für Sicherheit zog sich durch mein ganzes Berufsleben. Sie ist mir beim Thema Energie stets in Erinnerung.

Erst recht gilt das heute im Angesicht von Energiepreiskrise und zunehmender geopolitischer Spannungen. Noch immer lautet eine der wichtigsten Fragen: Wie können wir unser Energiesystem möglichst robust, möglichst krisenfest aufstellen? Das Schlagwort in diesem Kontext lautet Resilienz. Ganz nüchtern heißt das: Die Fähigkeit des Energiesystems, seine Funktionsfähigkeit unter Belastungen aufrechtzuerhalten bzw. kurzfristig wiederherzustellen.

Denn leider kommt der Strom nicht einfach nur aus der Steckdose. Und wir können nicht wie in den vergangenen

Jahrzehnten einfach davon ausgehen, dass unser Energiesystem ohne Weiteres zuverlässig funktioniert. Denn verschiedene Stressoren gefährden in der aktuellen Lage die Versorgungssicherheit. Dazu zählen Rohstoffengpässe, aber auch die Gefahr von Cyberattacken. Die letzten Jahre haben uns allen deutlich gemacht: Wir leben in einer Welt, die unvorhersehbarer geworden ist. In der ein eher unwahrscheinliches Risiko, wie eine globale Pandemie, unsere Gesellschaft auf den Kopf stellen kann. Oder in der ein Staat wie Russland, der über die schwierigsten Phasen des Kalten Krieges ein vertragstreuer Lieferant von Erdgas war, unvermittelt den Gashahn zudreht.

Nicht nur die vielen Risikofaktoren erfordern es, unser Energiesystem stärker als bisher aus der Perspektive von Robustheit und Krisenfestigkeit zu betrachten. Auch die finanziellen und gesellschaftlichen Kosten eines Blackouts legen das nahe. Von der Stromversorgung beispielsweise hängen alle anderen kritischen Infrastrukturen ab. Ein Stromausfall führt binnen kürzester Zeit zu großen Problemen, unter anderem in den Bereichen Gesundheitswesen, Information und Kommunikation, Transport, Wasserversorgung und Entsorgung. Auch die ökonomischen Kosten eines größeren Blackouts wären enorm. Studien zufolge würde ein nur einstündiger Stromausfall in ganz Deutschland einen Schaden von bis zu 600 Millionen Euro verursachen. Das klingt weit hergeholt? Ist es leider nicht, wie mehrere großflächige Stromausfälle in anderen westlichen Staaten in den letzten Jahren gezeigt haben.

Wie machen wir unser Energiesystem also möglichst krisensicher? Deutschland ist als rohstoffarmes Land besonders stark auf eine sichere Rohstoffversorgung angewiesen. Gleichzeitig gilt es, unsere Energieinfrastruktur möglichst robust gegenüber allen möglichen Störfällen zu gestalten.

Der Faktor Rohstoffversorgung ist insbesondere im Kontext der Energiewende relevant. Laut politischem Fahrplan sollen erneuerbare Energiequellen wie Wind- und Solarkraft sowie Wasserstoff und Batteriespeicher der Motor dieser Transformation sein. Durch die Brille der Resilienz betrachtet, ergeben sich daraus beträchtliche Herausforderungen. Denn über die Hälfte der Rohstoffe für die Herstellung von Windturbinen und Solaranlagen importieren wir aus nur einem Land. Dass es sich hierbei um China handelt, macht es nicht einfacher, aber auch in jedem anderen Fall wäre eine singuläre Abhängigkeit kritisch. Bei Elektromotoren liegt der Anteil bei zwei Dritteln. Zudem beziehen wir zwei Drittel unserer Seltenerdmetalle aus China, bei einigen davon liegt der Anteil bei mehr als 98 Prozent. Keine Frage also: Im strategisch wichtigen Sektor der erneuerbaren Energien ist die Abhängigkeit von China sehr hoch. Das Gleiche gilt in geringerem Umfang für Importe aus Russland, insbesondere bei den Elementen Nickel und Palladium.

Aber nicht nur die Zahlen sprechen eine klare Sprache. Auch die Warnzeichen sind überdeutlich. China hat bereits in der Vergangenheit mehrfach Exportbeschränkungen verhängt und droht diese auch für die Zukunft offen an. Die Deckung des stark steigenden heimischen Bedarfs hat dort nämlich Priorität. Zudem werden Lieferstopps als politisches Druckmittel eingesetzt. Und zwar im Handumdrehen, per kurzfristiger Verordnung. Das gilt im Übrigen nicht nur für China. Auch Indonesien, die Philippinen und andere Staaten haben jüngst die Ausfuhr manch kritischer Rohstoffe eingeschränkt.

Ein ähnliches Bild ergibt sich in puncto Wasserstoff. Der gilt als zentrales noch fehlendes Puzzleteil der Energiewende. Der Bedarf soll von aktuell rund 55 Terawattstunden bis 2045 auf 500 bis 600 Terawattstunden (TWh) ansteigen. Um dieses Ziel zu erreichen, steht in Deutschland der Bau zahlreicher Elektrolyseanlagen bevor, um vor allem grünen Wasserstoff zu produzieren. Aber auch beim Bau von Elektrolyseuren sind viele kritische Metalle erforderlich. Bei einigen davon haben China oder Russland entweder einen sehr hohen Anteil an der weltweiten Produktionsmenge, oder es gibt nur wenige Staaten, aus denen wir alternativ importieren könnten.

Um die Resilienz unseres Energiesystems in Bezug auf diese Rohstoffimporte zu steigern, müssen wir unsere Importabhängigkeit reduzieren, vor allem aber auf mehr Schultern verteilen. Denn die Energiewende hängt entscheidend von der Verfügbarkeit dieser Rohstoffe ab. Unter einer Vielzahl an Maßnahmen sind dabei vier besonders relevant.

Die »einfachste« Lösung für mehr Resilienz ist: Energie sparen (siehe Kapitel 9 dieses Buches). Je weniger Energie wir verbrauchen, desto weniger sind wir auf Importe angewiesen. Das gilt gleichermaßen für Primärrohstoffe zur Energieerzeugung wie für versorgungskritische Metalle. Die sind nämlich für den Ausbau von Solar- und Windkraftanlagen, Elektrolyseuren, Energiespeichern sowie für Übertragungs- und Verteilnetze unverzichtbar.

Gleichzeitig sollten wir unsere Bezugsquellen diversifizieren, um Klumpenrisiken für die Wertschöpfungskette zu vermeiden. Beim Einkauf gilt es, wo möglich, stabile demokratische Staaten zu priorisieren. Dort kann zwar die soziale Akzeptanz der Bevölkerung Projekte zur Rohstoffförderung einschränken. Abrupte politisch motivierte Exportbeschränkungen sind aber weniger zu befürchten. Bei der Umstellung unserer Lieferanten müssen wir unbedingt den Faktor Zeit im Auge behalten, falls damit die Erschließung neuer Förderstätten einhergeht. Denn von der Entdeckung einer Lagerstätte bis zum Beginn des Abbaus vergehen selbst bei günstigen politischen Rahmenbedingungen rund zehn Jahre. Das heißt, die Industrie sollte sofort mit der Diversifizierung anfangen – und zwar flankiert von staatlicher Unterstützung etwa in Form von finanziellen Garantien für Abnahmevolumina.

Rein geologisch gibt es weltweit ausreichend Metalle und Energierohstoffe, um innerhalb der nächsten 30 Jahre ein klimaneutrales Energiesystem aufzubauen. Viele Vorkommen kritischer Rohstoffe liegen aber in nur wenigen Staaten wie China, Russland oder Südafrika. Ein Lieferantenwechsel wird also nicht immer möglich sein. Deshalb brauchen wir zusätzlich Forschung, die auf das Recycling und die Substitution kritischer Rohstoffe abzielt. Der Einsatz alternativer Rohstoffe ist in manchen Anwendungsbereichen bereits erfolgreich. In Pilotprojekten ist es beispielsweise gelungen, den Bedarf an seltenen Erden in Elektromotoren um 80 Prozent zu reduzieren. Insgesamt ist das sogenannte *Technology Readiness Level* der meisten Substitutionsansätze aber noch niedrig. Marktreife Lösungen liegen noch etliche Jahre in der Zukunft. Das sollte uns aber nicht bremsen, sondern im Gegenteil Ansporn zu einer verstärkten Förderung technologieoffener Forschung auch im Bereich der Materialsubstitution sein.

Last, but not least brauchen wir eine staatlich organisierte Vorratshaltung für kritische Metalle nach dem Vorbild der strategischen Erdölreserve. So wäre die Versorgung der Industrie bei Lieferengpässen für einige Zeit sichergestellt. Außerdem könnten damit zeitlich begrenzte Hochpreisphasen an den weltweiten Rohstoffmärkten abgefedert werden. Wenig überraschend: Andere demokratische Staaten wie Japan oder Südkorea betreiben eine solche strategische Rohstoffsicherungspolitik schon lange. Die Japan Oil, Gas and Metals National Corporation beispielsweise kauft weltweit strategisch relevante Rohstoffe für die japanische Industrie auf und bevorratet sie.

Höchste Zeit also, die Rohstoffsicherung auch hierzulande als nationales Interesse einzustufen und mit entsprechender Priorität voranzutreiben. Wer trotz der überdeutlichen Risiken abwartet, bis sich eine Verschärfung der geopolitischen Lage abzeichnet, wird zu spät dran sein. Auch weil andere Staaten dann alle Hebel in Bewegung setzen werden, um sich knappe Güter zu sichern. Zu erwarten, dass sich Unternehmen selber darum kümmern, geht fehl – gewisse Risiken, etwa auf geopolitischer Ebene, können nicht allein auf betriebswirtschaftlicher Ebene abgebildet werden.

Abhängigkeiten zu reduzieren und damit Resilienz zu erhöhen, ist ein dringend erforderlicher Mechanismus für eine ganze Palette an Themenfeldern, wie beispielsweise die eben erwähnten Rohstoffe oder Energieimporte bis hin zu den Wirkstoffen für Pharmazeutika. Diese Herausforderungen können die Unternehmen nicht in Eigenregie bewältigen. Hier braucht es eine weitsichtige Politik mit langfristigen Sicherungssystemen. Resilienz wird einen Preis haben und bekommt deshalb einen klimarelevanten und gesellschaftlichen Stellenwert. Wir sollten gut überlegen, wie wir mit dieser Fragestellung umgehen.

Ebenfalls aus der Resilienz-Perspektive unbedingt im Blick zu behalten ist das Thema Kernkraft. Nun mag mancher denken, dass unsere hiesigen Kernkraftwerke abgeschaltet sind, es sich daher um eine Phantomdiskussion handelt. Ich denke nicht. Eine Mehrheit der Bevölkerung unterstützt den Betrieb von Kernkraftwerken in Deutschland. So schnell, wie die Politik zur Kernkraft mehrfach hin und wieder her entschieden hat, ist auch ein Wiedereinstieg in der Zukunft durchaus vorstellbar. Und womöglich ist man in der Politik nur einen oder zwei geopolitische Schocks davon entfernt, die Vorzüge der Kernkraft wieder zu schätzen. Das gilt insbesondere für die Aspekte Versorgungssicherheit und Emissionsneutralität.

Kernenergie verbraucht nämlich nur eine geringe Menge an strategischen Metallen. Uran als zentralen Kernbrennstoff gibt es in vielen Staaten, die Reserven sind groß. Wenig bekannt: Auch in Deutschland gibt es erhebliche Uranvorkommen. Die DDR war gar jahrzehntelang einer der größten Produzenten der Welt, leider bei zweifelhaften Abbaubedingungen. Die Reserven im Erzgebirge würden ausreichen, um Deutschland für viele Jahrzehnte mit Uran zu versorgen. De facto wird Urangewinnung in einem eher dicht besiedelten, demokratischen Staat wie Deutschland allerdings kaum realisierbar sein. Sie wird weiter dort stattfinden, wo Klagen von Anwohnern und Umweltschutzgruppen kein Hindernis für jedes noch so kleine Infrastrukturprojekt sind – und zwar in Regionen mit zumeist deutlich schlechteren Umwelt- und Arbeitsschutz-Standards als Deutschland. Aber auch die Einfuhr von Uran wäre kein Problem. Unser Bedarf ließe sich etwa durch Importe aus *Down Under* decken. Australien ist politisch stabil und Deutschland durch demokratische Werte verbunden, ein Lieferstopp stünde hier nicht zu befürchten. Unter dem Strich könnte Kernkraft einen erheblichen Beitrag dazu leisten, unser Energiesystem resilienter gegenüber geopolitischen Spannungen zu machen, wenngleich auf lange Sicht natürlich auch die ökologischen Risiken des Uranabbaus durch technologischen Fortschritt weiter reduziert werden müssen.

Bleibt das Thema Endlagerung. Leider ist auch die Suche nach einem Endlager von abgebrannten Brennelementen noch immer offen und wird nicht wie vorgesehen bis 2031 zu einem Ergebnis kommen. Deshalb gilt dieser Aspekt bis heute als ungelöste Fragestellung und steht dem Betrieb von Kernkraftwerken im Wege, obwohl die Bundesgesellschaft für Endlagerung in Gutachten zeigt, dass in Deutschland günstige geologische Formationen für die Entsorgung von hochradioaktiven Abfällen existieren. Die Genehmigung für eine solche Lagerstätte ist wohl nicht vor 2050 zu erwarten. Auch in diesem Zusammenhang können wir von anderen lernen – Finnland etwa will Mitte dieses Jahrzehnts ein Endlager in Betrieb nehmen.

Geopolitik ist auch bei Erdgas ein Thema. Unsere Abhängigkeit von im Ausland gefracktem Erdgas ließe sich durch eigene Fracking-Projekte verringern. Fracking-Gas aus Deutschland hätte sogar eine deutlich bessere Umweltbilanz als das aus dem Ausland (siehe Kapitel 7 dieses Buches).

Das zweite wichtige Handlungsfeld bezieht sich auf die Resilienz der Energie-Infrastruktur, die Energieerzeuger und -abnehmer verbindet. Dazu gehören etwa Übertragungs- und Verteilnetze. Hier ist die Digitalisierung bekanntlich ein zentraler Baustein der Energiewende. Doch digitale Strukturen sind angreifbar. Im Dezember 2015 etwa legten Hacker per Cyberattacke die Computersysteme dreier ukrainischer Energieversorger lahm. Sie trennten mehrere Umspannwerke vom Netz und schnitten dadurch einige hunderttausend Haushalte vom Strom ab. Erst nach mehreren Stunden gelang den Verteilnetzbetreibern die Wiederherstellung der Versorgung.

Derartige Systemausfälle durch koordinierte Angriffe auf Knoten oder Verbindungen werden durch die Energiewende tendenziell wahrscheinlicher. Denn einerseits wird die Stromversorgung durch die Energiewende zwar robuster. Millionen an Wind- und Solaranlagen sind schwerer auszuschalten als einige wenige Großkraftwerke. Trotzdem entstehen andererseits auch neue Verwundbarkeiten. Ob in den Bereichen Strom und Informations- und Kommunikationstechnologie

(*Smart Grids*), Strom und Gas (*Power-to-Gas*), Strom und Wärme (Wärmepumpen, *Power-to-Heat*) oder Strom und Transport (Elektroautos, Batteriespeicher) – die Komponenten des Energiesystems wachsen weiter zusammen. Dieser Prozess sorgt für einen exponentiellen Anstieg der Komplexität. Dadurch steigt das Risiko für Kaskadeneffekte, und die Kontrolle über das System wird erschwert. Cyberangriffe werden beispielsweise dadurch begünstigt, dass auf vielen Geräten, wie etwa Steuerungsboxen für Solaranlagen, die gleiche Software läuft. Über dieselbe Sicherheitslücke könnten also gleichzeitig sehr viele Geräte attackiert werden.

Erschwerend kommt hinzu, dass unsere Energieerzeugung deutlich volatiler geworden ist. Windräder und Solarzellen liefern nicht rund um die Uhr Energie. Im Energie-Jargon: Sie sind nicht grundlastfähig – anders als Gas- oder Kernkraftwerke. Zudem sitzen die größten deutschen Energieverbraucher im industriestarken Süden, während insbesondere durch die Windkraft immer mehr Strom im Norden erzeugt wird. Die verlängerten Transportwege bringen neue Herausforderungen für eine zuverlässige Stromversorgung. Der Ausstieg aus der Kernkraft hat dieses Nord-Süd-Gefälle noch verstärkt, denn viele Kraftwerke lagen in Süddeutschland. In der Gesamtschau brauchen wir also wirksame Maßnahmen, um die Belastbarkeit und Widerstandsfähigkeit unserer Stromnetze zu erhöhen. Damit das gelingt, müssen wir insbesondere den Netzausbau entschieden voranbringen. Denn je höher unsere Übertragungskapazitäten, desto weniger gravierend ist ein temporärer Ausfall einzelner Netzabschnitte.

Und in puncto Cyber-Gefahren muss uns klar sein: Absolute Sicherheit lässt sich nicht erreichen. Natürlich brauchen wir vernünftige Sicherheitsstandards für die am Energiesystem beteiligten Anlagen und Einrichtungen, vom Großkraftwerk bis hin zu den Haushalten. Das darf aber nicht dazu führen, dass wir den Fortschritt der Energiewende durch übermäßig scharfe Zertifizierungsauflagen hemmen, wie es etwa bei digitalen Stromzählern der Fall ist. Stattdessen sollte die Politik sich darauf konzentrieren, systemische Risiken zu minimieren. Dazu zählt etwa, die Ausrüstung kritischer Kernbereiche der Energie- und Kommunikationsnetze nur ausgewählten Herstellern vorzubehalten. Zudem sollten die Produzenten von Komponenten für neuralgische Punkte der Energieinfrastruktur dazu verpflichtet werden, den Quellcode ihrer Produkte gegenüber staatlichen Prüfstellen offenzulegen. Diese sinnvolle Auflage hat beispielsweise Großbritannien dem chinesischen Konzern Huawei zum Aufbau eines Mobilfunknetzes gemacht. Damit nicht genug: Kritische Bereiche wie Pipelines sollten wir soweit möglich durch staatliche Sicherheitsbehörden überwachen lassen. Unsere Nachbarstaaten tun das schon. Polen und Schweden etwa schützen ihre Offshore-Anlagen zur Energieerzeugung durch das Militär.

Der Fokus auf große, systemische Risiken erlaubt uns eine Stärkung der Resilienz, ohne ausufernde Bürokratie oder einen Verlust an Wettbewerbsfähigkeit zu verursachen. Denn auch beim Thema Resilienz gibt es teils nicht auflösbare Zielkonflikte. Sie verlangt beispielsweise einerseits ein Mindestmaß an Redundanz sowie technologischer

Diversität und Dezentralität, was andererseits die ökonomische Effizienz des Systems verringert. Darauf zu verzichten, würde bedeuten, an der falschen Stelle zu sparen. Umgekehrt geht es nicht darum, Resilienz zum alleinigen Maßstab zu machen. Die strategische Herausforderung besteht darin, die richtige Balance zwischen Versorgungssicherheit, Bezahlbarkeit, Nachhaltigkeit und sozialer Akzeptanz zu finden. In diesem Sinne sind die genannten Maßnahmen geeignet, kosteneffizient eine deutliche Erhöhung unserer Resilienz im Energiesystem zu bewirken.

Apropos soziale Akzeptanz: Größere Ausfälle unserer Energieversorgung würden das Vertrauen der Gesellschaft in unseren Staat nachhaltig schädigen. Die Schaffung eines noch resilienteren Energiesystems ist also ein wichtiger politischer Imperativ der Stunde.

Es ist allerdings wichtig, dass diese Transformation nicht mit einem weiteren Bürokratieschub einhergeht, der einen Vertrauensverlust in der Bevölkerung verursacht oder unserer existenziell wichtigen (Energie-)Wirtschaft die Lebensgeister entzieht. Vielmehr brauchen wir technologieoffene Forschung und zielgenaue Maßnahmen, die neue Regulierung auf das unbedingt notwendige Maß beschränkt. Auf diese Weise kann es gelingen, unser Energiesystem resilienter zu machen und zugleich unsere Innovationskraft zu stärken.

Einen kleinen Ausweis dieser energiebezogenen Innovationskraft können wir im Alltag beobachten. Denn heute hat niemand mehr einen Kohlenkeller zu Hause. Stattdessen räkeln sich von immer mehr Häusern kleine Balkonkraftwerke in Richtung Sonne. Denen fehlt das bedrohliche Element des Kohlefeuers und die warnende Einsicht, dass Energie erst aufwändig gewonnen werden muss, bevor sie aus der Steckdose kommt oder eine Heizung wärmt. Sie schärfen auch nicht das Bewusstsein für abstrakte Themen wie Rohstoffimporte oder Cybersicherheit. Aber sie machen uns deutlich, dass jeder Einzelne von uns die Möglichkeit hat, einen kleinen Beitrag zum Gelingen der Energiewende zu leisten. Und das ist eine der wichtigsten Botschaften, die ich mir von einem Balkonkraftwerk wünschen kann.

(K)ein Schlusswort

Worüber wir streiten sollten. Und wie.

Wenn die sozialen Medien abgeschaltet sind und die letzte Talkshow des Tages ihren Abspann sendet, wenn Ruhe einkehrt nach einem weiteren Tag der lautstarken Auseinandersetzungen, dann mag sich der ein oder andere unter den Älteren an den Philosophen Jürgen Habermas erinnern. Genauer: an sein Ideal des »herrschaftsfreien Diskurses«. Im Kern geht es dabei um die Idee, dass wir als Menschen zwar möglicherweise nicht objektiv über »wahr oder falsch« entscheiden können. Wohl aber könnten wir uns als freie und gleiche Teilnehmer eines großen gesellschaftlichen Gesprächs immer wieder auf Grundsätze und Entscheidungen einigen, denen vernünftigerweise nicht zu widersprechen ist. Durchsetzen, so die Idee des Philosophen, würden sich am Ende die besseren Argumente, wenn man zuvor dafür Sorge trüge, dass es im Diskurs kein Oben und Unten, weder Macht noch Ohnmacht gäbe. Stand, Verdienst, Leistung oder Herkunft der am Diskurs beteiligten Personen dürften keine Rolle spielen.

Keine Frage, das ist eine schöne Vorstellung. Zu schön freilich, um wahr zu sein. Oder wahr zu werden. Das wusste übrigens auch Habermas selbst, der deshalb immer wieder betonte, dass der »herrschaftsfreie Diskurs« eher als Gedankenexperiment in philosophischer Tradition zu verstehen sei und weniger als konkrete Utopie. Trotzdem: Was so verlockend klingt, muss doch auch machbar sein, jedenfalls in Ansätzen. Und tatsächlich gibt es ihn ja in der Wirklichkeit, den herrschaftsfreien Raum nach Habermas' Geschmack – in der Kneipe an der Ecke. Wer dort durch die Tür tritt, lässt – jedenfalls, wenn es sich um eine intakte gastronomische Einrichtung der genannten Art handelt – jeglichen Status außen vor und begegnet Fremden als Fremder. Die britische Soziologin Sherry Cavan hat das schon vor fast 60 Jahren untersucht. Leider hat sie dabei aber auch herausgefunden, dass solch »herrschaftsfreie« Gespräche nur selten über das Small-Talk-Level hinauswachsen. Mit anderen Worten: Was an der Theke so gesprochen wird, ist nicht exakt das, was Habermas und andere eher anspruchsvolle Kommunikatoren eigentlich gerne hören wollen.

Es bleibt deshalb in der Wirklichkeit auf absehbare Zeit bei nicht-herrschaftsfreien Diskursen, also solchen, die in parteiischer Absicht geführt werden, beeinflusst, wenn nicht gar getrieben von der Vielfalt politischer, wirtschaftlicher oder sonstiger Interessen.

Aber nicht diese Tatsache an sich ist beklagenswert. Wir leben auch sonst gut mit Parteilichkeiten aller Art. Allerdings: Ob vor Gericht, im Bundestag oder auch auf dem Fußballplatz – an all diesen Orten parteiischer Auseinandersetzung wird das streitbare Miteinander durch Regeln kultiviert. Und durch Institutionen, die ihnen zur Geltung verhelfen: Richter, Sitzungspräsidenten, Schiedsrichter. Entscheidend dabei ist allerdings, neben der puren Existenz dieser Vorschriften und Institutionen, ihre allseitige Akzeptanz. Weder die Sinnhaftigkeit der Spielregeln noch die Autorität des schwarz gekleideten Schiedsrichters allein sind für sich genommen schon hinreichend für eine kultivierte Auseinandersetzung. Denn sollte sich eine kritische Masse an Spielern und/oder eine bestimmte Menge von Fans entschließen, den regelsetzenden Institutionen die Gefolgschaft zu kündigen, könnte das der Beginn einer Revolution sein, an deren Ende das gesamte institutionalisierte Regelwerk am Boden liegt. Ohne Volk keine Regierung.

Genau diese Revolution erleben wir seit einigen Jahren in nahezu allen Bereichen des öffentlichen Diskurses. Entzündet hat sie sich aber nicht in Eckkneipen, sondern in einem neuen Raum, den wir ironischerweise mit dem Begriff »Soziale Medien« bezeichnen. Sie gewannen ihre immense Gefolgschaft in ihren Anfangstagen gerade durch das Versprechen der totalen Kommunikationsfreiheit: keine Regeln, keine Schiedsrichter. Und wer naiv genug war, konnte darin die Ankunft des herrschaftsfreien Diskurses nach Habermas erblicken, denn diesmal fehlte die physische Nachbarschaft an der Theke und damit das Risiko, mit allzu brisanten Themen die Menge in einem ganz körperlichen Sinne gegen sich aufzubringen. Die Digitalisierung und Globalisierung der Eckkneipe führte zwar nicht zur Freiheit von Herrschaftsverhältnissen, wohl aber zur Befreiung von Hemmungen. Entstanden ist ein virtueller Saloon, in dem – um im Bild des Western zu bleiben – die Fäuste fliegen und sich selbst

Unbeteiligte vor den Revolverschüssen von Möchtegern-Cowboys in Sicherheit bringen müssen. Es herrscht kommunikativer Tumult.

Was dabei in Vergessenheit gerät: Auch wenn sich dieser Tumult fortlaufend selbst zu nähren scheint, weil sich immer mehr Streitsüchtige finden, die sich dort hineinbegeben; auch wenn der Saloon immer öfter zum *Role Model* wird und als kulturelles Leitbild selbst solche Räume erobert, die bislang als Horte traditioneller Gesprächskultur galten wie Klassenzimmer, Zugabteile, Unternehmenskantinen, öffentlich-rechtliche TV-Formate oder gar politische Parlamente; auch wenn sich beim Sturm auf das Kapitol in Washington oder auf die Stufen des Reichstages in Berlin das Saloon-Wesen weiter vorgewagt hat, als man das je für möglich gehalten hätte; auch wenn all dies der Fall ist, bleibt der Saloon doch ein insgesamt randständiges Phänomen, dessen kommunikative Barbarei die meisten Menschen abschreckt.

Ob Jung oder Alt, politisch liberal oder konservativ, ob Mann oder Frau, Stadt- oder Landbewohner: Die weit überwiegende Mehrzahl der Menschen verachtet das ziel- und stillose Lärmen und sehnt sich nach kultivierter Auseinandersetzung – mit klaren inhaltlichen Positionen und konturierten Meinungsbildern, ausgetragen in einem Klima des gegenseitigen persönlichen Respekts und der wechselseitigen Achtung. Vielleicht nicht gerade herrschaftsfreier Diskurs, aber doch fairer Boxkampf statt wilder Schlägerei im Saloon; florettscharf geführte Argumente anstelle des Trommelfeuers aus digitalen Maschinengewehren.

Einziges Problem: Die Stimme dieser Mehrheit ist in

der allgemeinen Aufregung so gut wie unhörbar. Stattdessen analysieren wir das Durcheinander und diagnostizieren eine »gespaltene Gesellschaft« oder deren »fortschreitende Polarisierung«. Dabei übersehen wir, dass »die« Gesellschaft keineswegs gespalten ist. Natürlich sind 20 Prozent Zustimmung für eine rechtsradikale Partei besorgniserregend. Aber dass 80 Prozent weder dieser noch einer anderen radikalen Lösung unserer Probleme zustreben, ist umgekehrt auch ein ermutigendes Zeichen. Wir müssen es nur wahrnehmen. Und diesen 80 Prozent wieder vernünftige Angebote machen – ohne Tumult. Aber durchaus auch lautstark und sichtbar. Der ehemalige Bundesinnenminister Gerhard Baum, mittlerweile in seinem zehnten Lebensjahrzehnt, schrieb in diesem Sinne vor einigen Monaten in der ZEIT, dass hohe Zustimmungswerte zu den demokratischen Institutionen in Umfragen zwar erfreulich seien. Aber: »Sie nutzen gar nichts, wenn diese Mehrheit nicht auch aktiv eintritt für die Demokratie.«

Damit hat er recht. Und ein Buch wie das vorliegende versteht sich als Teil dieses aktiven Eintretens. Es geht nicht darum, eine Argumentationslinie gegen die Transformation aufzubauen. Industrie und Wirtschaft unterstützen vielmehr die politischen Ziele der Energiewende. Wenn wir dabei aber erfolgreich sein wollen, muss es darum gehen, hochstrittige Diskussionen über den richtigen Weg in die Zukunft wieder auf dem Boden von Tatsachen und wohl erwogenen Argumenten zu führen. Es geht darum, Emotionen wie Aufregung und Panik – sei es vor dem vermeintlich bevorstehenden Weltuntergang oder dem baldigen Ende des

Industriestandortes Deutschland – zwar in ihrem jeweiligen Recht anzuerkennen. Dann aber muss auch wieder Raum für rationalen Austausch entstehen.

Denn ja, es gibt sie nach wie vor: die Fakten, die im Tumult des Saloons gern zur Seite gefegt werden wie ein Whiskeyglas auf dem Tresen. Und bei allem Verständnis dafür, dass strittige Angelegenheiten frei nach Aristoteles eben diejenigen sind, über die objektive wahre Erkenntnis nicht zu erlangen ist – einiger Gewissheiten dürfen wir uns hier und da schon sicher sein. Und wir sollten sie berücksichtigen, um aufrichtig und ehrlich miteinander diskutieren zu können, auch wenn das manchem zu mühsam erscheinen mag. Was die Energiewende betrifft, zählen zu diesen »lästigen« Fakten etwa die Tatsache,

- dass wir derzeit nur rund 20 Prozent unseres Bruttoendenergieverbrauchs aus Erneuerbaren erzeugen und dass wir diesen Anteil in der geforderten Zeit (bis 2045) nicht auf 100 Prozent werden erhöhen können, ganz gleich, was wir anstellen – zumal unser Strombedarf ja nicht fallen, sondern steigen wird;
- und dass wir deshalb (und weil die Kernkraft ja politisch nicht gewollt ist) auf fossile Energiequellen noch eine ganze Zeit lang angewiesen bleiben – besonders auf Gas, zu einem Teil sogar leider auf die Braunkohle, die wir gerade für die angestrebte Elektrifizierung brauchen werden.
- Tatsache ist ferner, dass politisch gesteuerte nationale Alleingänge und Einzelmaßnahmen klimapolitisch wenig

> bis gar nichts bringen oder gar kontraproduktiv für den Klimaschutz sind. Wenn in Deutschland oder anderswo der Verbrennungsmotor verboten oder die Wärmepumpe als technologische Standardlösung vorgeschrieben wird, dann führt das zwar hierzulande zu geringeren CO_2-Emissionen. Gleichzeitig aber wird das hier eingesparte Erdöl an anderen Stellen in der Welt verbrannt, weil es dort sogar noch billiger zu haben ist.

Das Ergebnis ist de facto: In Deutschland sind die CO_2-Emissionen seit 1990 – trotz Wirtschaftswachstum – deutlich rückläufig (ebenso übrigens wie in anderen westlichen Industrieländern). Weltweit allerdings – und nur diese Dimension ist für den Klimaschutz relevant – sind sie in den zurückliegenden 30 Jahren um rund 60 Prozent gestiegen, weil Länder wie Indien und China in dieser Zeit in Sachen Lebensqualität erheblichen Nachholbedarf hatten und große Fortschritte für ihre Bevölkerungen erzielten.

Das bedeutet, wir brauchen eine Allianz der Willigen. Nur so lässt sich ein Auseinanderdriften der Klimaambitionen verhindern. Zielführend wäre es deshalb, sich für ein kluges und vor allem international koordiniertes Marktdesign einzusetzen. Ein System der Emissions-Obergrenzen für CO_2 und eines perspektivisch steigenden CO_2-Preises, so wie im europäischen Emissionshandel schon heute festgeschrieben, sollte international so weit wie möglich ausgeweitet werden, etwa im Rahmen eines Klimaklubs. Dessen Mitgliedsländer und deren Wirtschaft würden auf einem gemeinsamen Markt die effizientesten Lösungen für eine

Verringerung des CO_2-Ausstoßes zuverlässiger und schneller realisieren als planende Politiker am grünen Tisch.

Denn so viel wissen wir zwischenzeitlich aus eigener Anschauung: Es reicht nicht, einfach nur aus den Klimazielen entsprechende Maßnahmen abzuleiten. Auch wenn wir es uns alle anders wünschen würden: So einfach ist die Welt nicht. Zielkonflikte sind real. Sie sind nicht in der Welt, weil »mächtige Interessengruppen« sie erfinden, um ihren eigenen Nutzen zu mehren. Sie haben objektive Relevanz – und zwar vor allem für die »ganz normalen« Menschen. Ihretwegen gilt, Energie muss nicht nur möglichst klimaneutral sein, sondern auch sicher und bezahlbar. Wer das ignoriert, agiert an der Wirklichkeit vorbei. Und landet damit in politischen und gesellschaftlichen Sackgassen, wie zuletzt die heftigen Diskussionen um das sogenannte Heizungsgesetz gezeigt haben.

Dabei geht es nicht darum, zu bestreiten, dass wir einen Weg finden sollten, um auch im Gebäudesektor die CO_2-Emmissionen zu senken. Es geht darum, dass unausgegorene Konzepte zur Lösung dieser Aufgabe das Vertrauen der Menschen in die Politik ganz grundsätzlich weiter erschüttern. Und das ist hochgefährlich. Wir reden dann nämlich nicht mehr nur über die Grundlagen unserer Energieversorgung, sondern über die Grundlagen unserer Demokratie. Schon jetzt wenden sich viele Menschen von ihr ab. Und diesen Trend müssen wir aufhalten. Gemeinsam.

Worauf kommt es dafür an? Mein Vorschlag: auf eine Politik, die sich an den relevanten Fakten orientiert. Und die bestehende Zielkonflikte auf pragmatische Weise so gut auflöst, wie es geht, anstatt vermeintlich »konsequente« Lösungen anzustreben, die in Wahrheit eher ideologische Bedürfnisse befriedigen als tatsächlichen Nutzen stiften. Das beginnt schon bei der Formulierung der Ziele. Sie sollten ehrgeizig sein, aber auch realistisch und erreichbar. Zudem müssen sie angepasst werden dürfen, wenn sich zeigt, dass sie zu ambitioniert waren. Und es geht weiter bei der Definition von Maßnahmen. Diese brauchen nicht perfekt zu wirken, sondern nur mit ausreichend hoher Wahrscheinlichkeit.

Für die Klima- und Energiedebatte in Deutschland heißt das konkret: Eine Vorgabe wie das 1,5-Grad-Ziel aus dem Pariser Klimaabkommen muss zwar als relevante Richtgröße aus der Wissenschaft ernst genommen werden. Da es sich aber um ein globales Ziel handelt, ergibt es keinen Sinn, jede einzelne nationale Maßnahme ausschließlich daran zu messen. Im Einzelnen sollten vor Ort – mit Blick auf das Trilemma – immer verschiedene Zielsetzungen gegeneinander abgewogen werden: neben den klimapolitischen auch ökonomische und soziale. Das in dieser Hinsicht Machbare dann auch schnell und entschlossen zu tun, ist dabei wichtiger, als auf eine 100-Prozent-Lösung allein im Sinne der Klimapolitik zu warten. Denn währenddessen verstreicht wertvolle Zeit. So sind alternative Kraftstoffe für Flugzeuge oder blauer Wasserstoff für bestimmte Industrieanlagen immer noch besser als die Verfeuerung von Braunkohle, auch wenn keiner dieser Energieträger das ökologische Optimum bietet.

In jedem Fall aber müssen politische Ziele so definiert

werden, dass dabei ihre Umsetzung von Anfang an mitberücksichtigt wird. Was klingt wie eine Binsenweisheit, wird de facto immer wieder übersehen. Auch hier ist das Heizungsgesetz nur eines von vielen Beispielen. Mit heißer Nadel wird ein ideologisch motivierter Gesetzesentwurf vorgelegt, der bei genauerer Betrachtung so viele Umsetzungsprobleme birgt, dass die Verantwortlichen anschließend mit zahlreichen Ausnahmeregelungen und Kompensationsleistungen nachsteuern müssen.

Auch die Energiewende insgesamt leidet an diesem Problem: Erst wird Energie durch den Doppel-Ausstieg aus Kohle und Kernkraft künstlich verteuert, dann erkennt man, dass dies schwerwiegende wirtschaftliche Wettbewerbsprobleme und Wohlstandsrisiken heraufbeschwört – und muss schließlich durch einen neuen Subventionsapparat gegensteuern.

Wie wäre es, wenn man derartige Folgen schon im Prozess der Zielfindung mitdenken würde? Denn selbst dann bleiben ja noch genug Probleme übrig, wenn es im zweiten Schritt an die praktische Umsetzung geht. Schließlich nützen die klügsten Ziele wenig, wenn sie in den »Mühlen der Ebene« zerrieben und verunmöglicht werden – durch Planungs- und Genehmigungsverfahren zum Beispiel, die sich im Laufe der Jahre zu einem nahezu undurchdringlichen Bürokratiedschungel entwickelt haben. Vom Brand- über den Lärm- bis hin zum Natur- und Artenschutz gibt es in Deutschland unzählige Regeln, die jeweils für sich betrachtet durchaus Sinn ergeben. In der Summe aber legen sie den Fortschritt lahm. Wenn es bis zu zehn Jahre dauert, ein einziges Windrad zu bauen oder eine neue Stromtrasse auch nur genehmigen zu lassen, können Ziele so überlegt definiert sein, wie sie wollen – sie werden dann einfach unerreichbar.

In Mecklenburg-Vorpommern untersagte der Denkmalschutz den Bau von fünf Windrädern, die einen Kilometer entfernt von einem verfallenen Gutshaus errichtet werden sollten. Der Ausblick von der Ruine sollte nicht gestört werden. In Schleswig-Holstein widersprach die Deutsche Flugsicherung der Aufstellung von ebenfalls fünf Windrädern. Der Grund: eine plötzliche Erweiterung des Sicherheitsradius von fünf auf 15 Kilometer. Da die Berechnungsformel mutmaßlich der nationalen Sicherheit unterlag und deshalb nicht veröffentlicht wurde, mussten Gerichtsverfahren angestrengt werden. Die Verzögerung betrug sieben Jahre.

In Niedersachsen wollte der örtliche Energieversorger eine Ortsnetzstation ersetzen. Um dafür einen Trafo um fünf Meter zu verschieben, musste erst der Kampfmittelräumdienst einbezogen werden. Der kam nach einem halben Jahr. Danach intervenierte noch das Straßenverkehrsamt, da an der Anlage eine Ampel angeschlossen war.

Natürlich bilden Anekdoten keine Datenbasis für fundierte Entscheidungen. Mangels einer wissenschaftlichen Untersuchung zur tatsächlichen deutschen Umsetzungsgeschwindigkeit sind sie jedoch eine gute Indikation dafür, wie sehr wir das Tun verlernt haben.

Dabei ist wichtig zu verstehen: Bürokratie ist nicht nur ein Problem im Zusammenhang mit Planungs- und Genehmigungsverfahren. Auch Betrieb, Kontrolle und Überwachung von technischen Anlagen werden mittlerweile von unzähligen Vorschriften begleitet und häufig unnötig verkompliziert.

Die an sich gute Idee der Europäischen Union etwa, mit »Fit for 55« Milliardeninvestitionen in erneuerbare Energien zu investieren, wird in ein Verordnungspaket von 1.600 Seiten und über acht Kilogramm Gewicht gegossen. Da blickt keiner mehr durch, wahrscheinlich nicht einmal die Verfasser. Erst recht aber kein Mittelständler. Es schlägt die Stunde der Zuschussberater, bei denen oft 20 Prozent oder mehr der erhaltenen Subventionen landen.

Ähnlich sieht es beim viel diskutierten Gebäudeenergiegesetz aus, dessen chaotische Genese publizistisch und verfassungsgerichtlich ausführlich gewürdigt worden ist. Angesichts von 172 Seiten Gesetzestext in der Entwurfsfassung vom Sommer 2023 und dem noch zu erwartenden Konvolut der Ausführungsbestimmungen sind einmal mehr die gut bezahlten Berater gefragt. Die Alternative, Gesetze und Ausführungsbestimmungen so zu formulieren, dass der »Durchschnittsmensch im Verwaltungsrecht« – welch wundervolle Formulierung unserer Juristen – sie auch ohne Beratung versteht, scheint entweder idealistisch oder naiv oder beides zu sein.

Deshalb sollten alle, die es gut meinen mit der Energiewende und der Bekämpfung des Klimawandels in Deutschland, vor allem für eines eintreten: für die Entbürokratisierung unserer Bau- und Genehmigungsverfahren. Und zwar nicht nur per Sonderregelung in einigen Einzelfällen wie jüngst rund um das Thema LNG-Terminals. Stattdessen muss das dabei entdeckte »neue Deutschlandtempo« flächendeckend und gesamthaft gelten.

Dabei könnten sich die Regierenden nicht nur den Symptomen, sondern vor allem den Ursachen der deutschen Bürokratie-Krankheit zuwenden. Eine offensichtliche Ursache ist die Realität des deutschen Staatsaufbaus. Das Zuständigkeitsgeflecht zwischen Bund, Ländern und Kommunen ist komplex und kompliziert zugleich. Und mit jeder neuen Verhandlungsrunde über die Verteilung von Finanzmitteln wird es noch komplizierter.

Diese hausgemachte Komplexität trifft auf eine rapide zunehmende Komplexität auch im Äußeren. Denn internationaler Wettbewerb, Digitalisierung und Individualisierung lassen das Leben schon im Inland immer schneller, immer unübersichtlicher werden. Im weltweiten Maßstab potenzieren sich diese Entwicklungen.

Die Wirtschaft reagiert darauf mit fortwährendem *Change Management*. Mit Risikomanagementsystemen zur Erfassung und Bewertung weltweiter Gefahren sowie mit *Contingency*-Plänen für potenzielle Krisen. Oder mit umfassenden organisatorischen Anpassungen, etwa durch die partielle Auflösung hierarchischer Strukturen oder der Einführung von Projektorganisationen statt Einzelzuständigkeiten.

In der öffentlichen Verwaltung, so scheint es, ist vieles davon noch nicht angekommen. Die Bundesregierung etwa hält unverändert am überholten Ressortprinzip fest. Die Haushaltsplanung lässt Flexibilität vermissen. Wirkungsvolles Controlling gibt es im Verwaltungswesen nicht. Die fiskalische Rechnungslegung billigt keine vernünftige finanzielle Steuerung. Das öffentliche Dienst-, Arbeits- und Tarifrecht bildet einen Zustand ab, der eine zukunftsorientierte Personalführung nicht erlaubt.

Es ist derzeit nicht erkennbar, dass eine ernsthafte Bürokratiereform in den Startlöchern steht. Rechtliche Verhaltensregeln wuchern weiter und durchdringen immer mehr das öffentliche und private Leben. Die Politik avanciert so vom Ermöglicher zum Verhinderer.

Erkennbar ist das am Tsunami der Informations-, Dokumentations- und Aufsichtspflichten. Der ESG-Bericht von E.ON für das Geschäftsjahr 2022 etwa umfasst 360 Seiten.

Interessanterweise scheinen viele Bürger diese Form der geglaubten staatlichen Fürsorge zu mögen. Anders ist es kaum zu erklären, dass fragwürdige Regelungen Unterstützung finden. Dass man etwa mit nassem Holz keinen Kamin befeuert, sagt einem der gesunde Menschenverstand. Jetzt sollen die Schornsteinfeger in jedem Haushalt das Kaminholz auf seine Trockenheit überprüfen. Die Öffentlichkeit nickt zustimmend, obwohl jeder Einzelne für diesen Kaminkehrer-Big-Brother zahlt.

Angesichts der Komplexität der modernen Welt ist es für den öffentlichen Sektor mit seinen fragmentierten Zuständigkeiten schwierig geworden, ganzheitlich auf Zusammenhänge zu blicken. An den genannten Beispielen aus der Energiewende ist deutlich geworden, wie klimapolitische Maßnahmen mit Denkmalschutz, Eichrecht, Straßenverkehrsrecht und Flugraumüberwachungsrecht im Widerspruch stehen. Und das ist nur ein winziger Ausschnitt. Im öffentlichen Sektor existieren im Gegensatz zum Subsystem der Wirtschaft keine effektiven Mechanismen, um Ziele ganzheitlich zu definieren und durch die Verzahnung von Teilbereichen koordiniert umzusetzen. Individualinteressen zerfleddern ein gesamthaftes Ziel.

Stattdessen ist es an der Zeit, zu verstehen: Wer zügig vorankommen will oder muss, der ist gut beraten, die gangbaren Wege zu gehen, anstatt zu lange nach einem optimalen Weg zu suchen. Optimale Lösungen, bei denen alle relevanten Aspekte gleichermaßen gut berücksichtigt werden, sind nur selten auf Anhieb realisierbar. Natürlich dürfen wir nichts unternehmen, was Mensch oder Umwelt in signifikanter Weise beeinträchtigt. Aber es kann auch nicht sein, dass reine »Wohlfühl«-Ansprüche im Rahmen einer Güterabwägung denselben Stellenwert haben wie die Dringlichkeit der Energiewende insgesamt, die jetzt einen Neustart braucht.

Und wenn wir uns einmal zu einer Lösung durchgerungen haben, muss für den Staat ebenso wie für ein Unternehmen gelten: Fortgesetzt werden nur Maßnahmen, die sich im Sinne der Zielsetzung als erfolgreich erweisen. Das heißt, es braucht ein professionelles Controlling und konsequente Nachjustierung, um dauerhaft auf dem richtigen Weg zu bleiben. Also eine Art Projektmanagement mit Gate-Keeper-Funktion, wie es bei der Verfolgung von Forschungsaktivitäten in Unternehmen angewendet wird.

Last, not least sollte der Staat jenseits der gesetzlichen und behördlichen Rahmenbedingungen möglichst gar keine weiteren konkreten Pfadvorgaben zur Erreichung bestimmter Ziele machen. Sind diese einmal klar definiert, etwa im

Sinne einer Obergrenze von CO_2-Emissionen bis zu einem bestimmten Zeitpunkt, lässt sich über ein marktbasiertes System mit Hilfe der Preissteuerung das jeweilige Ziel am schnellsten, am effizientesten und am kostengünstigsten realisieren. Zu tun ist dafür nichts weiter, außer dem Bedürfnis nach detaillierter Regelung zu widerstehen. Denn sollte es tatsächlich so sein, dass der Betrieb eines Verbrennerfahrzeugs oder einer Gasheizung klimaschädlicher ist als mögliche Alternativen, dann verteuern sich diese Optionen über den Zeitverlauf so, dass die Verbraucher sich zügig für klimafreundlichere Alternativen entscheiden werden.

Das funktioniert nicht nur theoretisch so, sondern auch in der Praxis, wie ein Blick in die jüngste Vergangenheit zeigt: Noch nie zuvor in der Menschheitsgeschichte wurden wirksame Impfstoffe schneller entwickelt als in der Covid-19-Pandemie. Der Staat hatte sich darauf beschränkt, durch Absenkung der Zulassungsschwellen und Bürokratieabbau günstige Rahmenbedingungen zu schaffen. Aber er schrieb den Forscherinnen und Forschern in den Unternehmen nicht vor, welche Art von Impfstoff genau sie entwickeln sollten – und welche nicht.

Aber was bei der Gesundheit für Fortschritt sorgt, wird in der Energiepolitik weitestgehend ignoriert. Stattdessen ruft man die Losung aus: *Renewables Only* – und strebt die Elektrifizierung der gesamten Energieversorgung an, was mit den in diesem Buch beschriebenen Schwierigkeiten einhergeht und kaum als realistischer Weg zum Ziel des Klimaschutzes führen kann, solange diese Probleme nicht gelöst sind.

Stattdessen könnte man wenigstens einen Mittelweg einschlagen, der immerhin größere Spielräume schaffen würde: eine Zwei-Säulen-Strategie etwa, bei der auf der einen Seite der Anteil von Wind- und Solarstrom auf circa 50 Prozent begrenzt bliebe. Die zweite Säule der Versorgung wäre – was die CO_2-Emissionen betrifft – idealerweise durch Atomkraft zu bilden. Da das politisch in Deutschland derzeit keine Option ist, bietet sich an, diese Säule über Gaskraftwerke mit *Carbon Capture* zu schaffen, also im Ergebnis auch CO_2-frei.

Frankreich etwa geht bekanntermaßen den Weg einer Kopplung von Kernkraft mit Erneuerbaren. Weil sie das für günstiger als den deutschen Weg halten. Eine Reihe von osteuropäischen Ländern wie zum Beispiel die Slowakei, Ungarn und Polen wollen Kernkraft im Verbund mit Erneuerbaren einsetzen, weil das hohe Versorgungssicherheit erlaubt und sie auch nicht in einer Übergangsphase von Gas abhängen wollen – russisches Gas kommt nicht in Frage, und grünes Gas ist für sie zu teuer.

Schon deshalb sollten wir jetzt nicht versuchen, die anderen Länder in Europa vom deutschen Weg zu überzeugen. Im Gegenteil. Bei solch einem Mix der Vorgehensweisen wäre die Volatilität der Erneuerbaren in Europa deutlich besser beherrschbar. Und auch die meisten Industrieprozesse könnten auf Gas mit *Carbon Capture* umgestellt werden. Sie wären CO_2-frei und sehr viel billiger als der bisher favorisierte Weg über grünen Wasserstoff.

Nicht zuletzt die Diskussionen um das Heizungsgesetz zeigen darüber hinaus noch einen weiteren Aspekt: Der Politik muss es gelingen, die Sorgen der Menschen im

Zusammenhang mit Veränderungen noch viel wirksamer zu adressieren. Ohne verständliches Narrativ werden sie Angst vor der Zukunft haben, besonders wenn sie Einbußen im eigenen Portemonnaie spüren. Deshalb sollte die Politik den Puls der Menschen fühlen. Nur so werden Sorgen und Nöte rechtzeitig erkannt und richtige Maßnahmen initiiert. Zu dieser Zeitenwende gehört auch Ehrlichkeit darüber, dass die Energiewende nicht zum Nulltarif zu bekommen ist. Die Gesellschaft insgesamt muss dafür aufkommen.

Wie wäre es, wenn wir in Deutschland häufiger und in diesem Sinne konstruktiver über die Umsetzungsdetails von Lösungsvorschlägen diskutieren würden, anstatt uns in ideologischen Auseinandersetzungen oder gar im saloonartigen Streitklima der sogenannten sozialen Medien zu bekriegen? Denn Fakt ist, wir haben alles, was wir brauchen, um die Energiewende als Beitrag zum Klimaschutz doch noch zum Erfolg zu machen: moderne Technologie, den politischen Willen, (noch) die grundsätzliche Mitwirkungsbereitschaft der Bevölkerung und eine solide Faktenbasis. Jetzt müssen wir nur noch entscheiden, auch wenn das manchmal schwerfällt. Schließlich ist jede Entscheidung eine Scheidung, ein Abschied – von der Illusion, alle Probleme auf einmal lösen zu können; von der Idee, gute Lösungen seien zum Nulltarif zu haben, und vor allem von der Vorstellung, wir hätten Zeit genug, das Thema Energiewende wieder und wieder neu zu diskutieren. Diese Zeit haben wir nicht. Die Wende muss kommen. Sie kann kommen. Und zwar jetzt!